◎周 俊 著

全球公民社会引论

浙江省社科联省级社会科学学术著作出版资金
浙江大学侨福建设基金 资助出版

AN INTRODUCTION TO
GLOBAL CIVIL SOCIETY

「全球化与治理转型」丛书

ZHEJIANG UNIVERSITY PRESS
浙江大学出版社

总　序

　　全球化已然成为我们生活的时代的重要内容和特征。

　　当代著名的民主理论家萨托利认为,给民主下定义,需要揭示出民主的质的规定性,即区分出民主与非民主。同样地,回答什么是全球化,必须指出全球化时代与以往时代的本质差异。正如熊彼特所指出,汽车不是马车数量的加倍。汽车等新交通工具的出现,导致以地域为基础的社会和文化的削弱和损害,使交通方式的进步成为一个典型的现代进程。全球化以信息技术革命为重要动力,它更是一个国家与社会、生活方式与思维方式的变迁过程。本丛书以"全球化与治理转型"为名,试图通过聚焦政府与市场、国家与社会关系的变化,揭示出全球化时代公共事务治理的新变化。

　　诚然,全球化是一只大象,每个人摸到的只是它的部分而不是它的全部。尽管如此,盲人摸象对于拼合一张关于全球化的整图仍然是必要的。就此而言,当前对于全球化时代治理转型的研究还显得太少,在已有的研究中,也是宏观、原则性研究居多,具体、深入研究较少。更重要的是,全球化时代的公共事务治理之道发生了重大转型,但对它们之间的关系却不能进行线性理解,即不能将全球化作为影响治理转型的一个常量。它们之间是一种表征关系,即不只是全球化影响了治理转型,而且治理转型本身也属于全球化进程。由此,我们不但要研究全球化,而且要全球化地思考。本丛书期待能够在这一方面有所贡献,实现全球化研究与治理研究的双重推进。

　　盲人摸象这个古老的寓言还可以解读为:如果盲人们能够确立共同概念,他们之间的语言可以通约,他们之间愿意分享、沟通和讨论,那么,一张关于大象的整图就成为可能。全球化与治理转型的研究亦是如此。在今天,关于全球化的任何命题几乎都存在着争论。对一些人来说,全球化的确走得太远了,而对另一些人来说,走得还不够远。在一些人看来,全球化提供了前所未有的机遇,而在另一些人看来,全球化意味着一种新的、更大的剥夺。人们对全球化存在着"好得很"和"糟得很"的不同评价并不可怕,学者的使命正是在于为这种争论提供知识性准备,以使争论能够遵循必要的逻辑和方法。本丛书将论辩、确立全球化与治理转型的分析框架作为具体目标。

　　全球化理论家鲍曼曾经对"世界化(universalizing)"与"全球化(globalized)"作出过区分。在他看来,"全球化概念所传达的最深刻意义就在于世界事务的不确定、难驾驭和自力推进性;中心的'缺失'、控制台的缺失,董事会的缺失和管理机关的缺失"。它是"新的世界无序"的别名。而"世界化这一概念传达了建立秩序的意图和决心",它"指一种普遍的秩序,即世界性的真正全球规模上的转型重建"。在这里,鲍曼提醒我们注意全球化时代的秩序重建。如果我们不局限于鲍曼意义上的全球化概念,这种对于秩序重建的关怀可以包含于全球化研究中。而作为最大发展中国家的学者,我们更是将中国的治理转型作为关怀点和落脚点。著名治理理论家杰瑞·斯托克写道:"从 20 世纪 90 年代开始,'治理'的思想开始占据了发展研究的舞台中心。""发展研究被说成是'非同寻常的事业',因为它一方面支持对待'第三世界'时需要遵循与西方的'差异'原则;另一方面又强调'相似性',即发展的目标在于让发展中国家的人民和(政策)过程和发达国家更加相像。"如果说治理理论属于全球化时代,那么它们之间的这种同一性至少在于:发展中国家与发达国家的治理转型同时态化了,尽管它们的内容可能各不相同。中国的治理转型需要融入全球化,而世界秩序的转型重建也需要中国,而且中国的治理转型本身就是世界秩序重建的重要组成部分,它们是同一个过程。基于这样的原因,我们把全球化与治理转型的研究同时当作为中国研究,当作为对中国社会科学自主性的探求。

　　是为序!

郁建兴

目　　录

1 引　论

在全球政治经济的功能和结构中，目前和持续中的转型改变了国家的作用，并且为非国家角色的发展创造了空间。一方面，国际非政府组织、跨国社会运动和全球交往网络快速增长，提供了一个全球公民社会已经出现的证据，另一方面，国家越来越陷入到与全球公民社会、全球资本以及由三者共同结合而成的全球治理结构的复杂关系之中了。在这种新情势之下，越来越多的关注开始由"国家中心"转向"社会中心"，康德式的"世界公民社会"理想开始复兴。一些学者明确提出，全球公民社会意味着超越民族国家的社会性联合，它是个体自决自治的领域，它的成熟终将消解国家边界，从而带来民族国家的消亡。虽然这种观点遭遇了多方的置疑，但它无疑也对新世纪的社会思潮和政治实践造成了巨大的冲击。现在，即使最保守的观点也倾向于承认，全球公民社会的概念确实构成了对国家等传统政治概念的极大挑战。

然而，"正如没有一个以市场经济和公民权利为根基的现代公民社会，就难以建构一个现代国家一样，没有一个现代国家，现代公民社会也难以建构起来"①，许多经验事实和理论上的论证共同表明，全球公民社会与国家之间远非一种彼消我长的简单关系，国家和公民社会都不是固定的实体，在相互作用的过程中，它们的结构、目标、支持者、规则和社会控制都会发生变化，它们在不断地适应当中互相转化和互相构造。② 因此，如果因全球公民社会的迅速崛起而认为它带来了一种实现"自由人的联合"的希望，认为国家正经历着权力的严冬，则显得过于匆忙。在现时代，我们应该更加认真地对待全球

---

① 徐勇：《"回归国家"与现代国家的建构》，载《东南学术》2006 年第 4 期，第 18 页。
② 参见郁建兴、吴宇：《中国民间组织的兴起与国家－社会关系理论的转型》，载《人文杂志》2003 年第 4 期。

公民社会与国家之间的关系,将对它们的规范性研究牢牢地建立在经验现实的基础之上,合理把握理想与现实之间的差距,为国家在未来政治中的作用做出恰当定位。

一、变动中的国家

在上世纪晚期的历史中,国家正经历着转型。促使国家转型的因素首先来自于积累策略的转变,研究表明,资本主义国家正由福特主义迈向后福特主义,即使在尚未完全实现福特主义的国家,后福特主义的影响也非常明显。后福特主义的典型形式也被称为以信息、高端科技、微电子技术为基础的"知识经济",它具有弹性化的生产方式和新的集体消费关系,其显著特点表现在:它是一种基于多技能工人与不熟练工人相结合的弹性生产机制,以空间经济和网络经济的运行为基础,新的信息和通信技术起着至关重要的作用;作为一个稳定的宏观经济增长方式,后福特主义的有效循环将基于灵活和网络化的生产,在对技术、其他创新租金以及灵活性能充分利用的基础上,利润率大幅提高,更灵活的生产装备、技术和新产品的再投资不断扩大。[1] 资本主义积累策略的这种变化,必然导致政治策略和领导权策略的变更,或者可以说,"福特主义不只是一种工业或经济的安排。它同样定义了国家、个人及社会的关系",在后福特主义中,"基于阶级基础的政治是不可能成功的,个人主义及消费者是政治的基础,国家应该因此而重新为人们所认识。"[2]后福特主义时代的降临,技术和经济范式的转换,新的积累体制、调节方式及其社会化的重构,对国家的形式和功能提出了新挑战。福特主义工业社会中国家履行三种特殊职能的能力——(对工业和其他的)"管制"、(对收入和其他的)"再分配"以及"实现充分就业"——在后福特主义知识经济社会中,都受到了削弱,比如里根和撒切尔在美国和英国所进行的新自由主义改革。[3] 以干预和调节方式为例,后福特主义从官僚主义形式在合作结构中占据统治性的支配地位,正走向扩散化的、非中心化的、更弹性化的组织形式。国家主要以培育

---

[1]　B. Jessop. *The Future of the Capitalist State*. Polity Press,2002. pp.96-103.

[2]　艾森开普斯坦:《第三条道路理论》,载欧阳景根编《背叛的政治:第三条道路理论研究》,上海三联书店 2002 年版,第 38 页。

[3]　P. Chatterjee. *Repackaging the Welfare State*. NASW Press. 1999. p.59.

知识基础、营造创新环境、提供制度设计为其关键的干预模式和调节方式,在事实上市场和社会充分发挥调节作用。

影响国家转型的另外一个重要因素是全球化。从经济全球化的角度来看,大的跨国公司对外直接投资(以技术控制为核心)正在加速从福特主义向后福特主义变化,即规模经济向灵活经济过渡,这种新模式是建立在生产过程的中心——边缘结构基础上的,大的跨国公司在其母国用少量的雇员掌管着金融、技术开发、组织和创新,发展中国家成为生产过程中的车间。这就意味着在生产过程中大量使用的是主要由少数民族、妇女和移民构成的非技能劳动者,"失去祖国的"公司不再明显以民族国家的运行为基础。这一投资形式的变化直接造成了两大尖锐的政策问题:一是国家该如何避免大量的投资冲击和资本外逃,二是如何降低国内的劳动力成本。就前者而言,为了保持企业对投资的信心,国家无法再以惯常的通货膨胀手段来刺激经济增长,因为它带来高利率和企业利润的下降。就后者而言,国家不得不重新对公共开支和社会福利做出考虑。从全球社会流动的角度来看,不同形式的民族国家由于移民的不断增加而受到挑战,大量移民降低了种族和文化的同质性以及公民对民族国家的忠诚;同时,全球化所彰显的自由与流动在增加经济和社会事务复杂性的同时也提高了公民的自主性与自治能力,促成了这样一种趋势:公民要求获得自主和自治的权利,他们借助各种各样的社会团体和组织来实现这一愿望,介于政府和市场之间的非政府组织的兴起成为普遍现象。随着作用的增强,非政府组织已不满足于在规制市场、沟通政府与社会、承担辅助性福利功能中的无实权地位,而日益要求以一种扁平的权力结构替代传统国家与社会中存在的垂直权力结构。

由此,国家面临着新变化,甚至可以说,国家正面临危机①。概言之,首先,国家日益变得"非国家化"。民族国家机构正逐渐空洞化,其权力正不断地被超国家制度剥夺,或转移给地区或地方层次上的一些正在出现的权力网络,国家能力在超国家的、国家的、次国家的以及跨地方的层次上进行重建。第二,政治制度的"去官方化"。如果说非国家化涉及民族国家活动领土的分散,那么去官方化则包含公共—私人边界的重新绘制、任务的重新分配、组织和任务之间关系的重新连接。第三,政策规制的国际化。国家内部行动的国

---

① See Y. Fergusen. The Crisis of the State in a Globalizing World. In *Globalization*,March 2006,Vol. 3,No. 1. pp. 5-8.

际背景已经扩展到包括超地域或跨国的因素和过程,对于国内政策来说,它们在策略上正变得越来越重要。在熊彼德主义竞争国家中,民族国家自主性的丧失使得超国家合作、协调和次国家空间的复活成为必要。民族国家的传统地位不断受到挑战,但是它同时为民族国家自身去调解不断增多的超国家和次国家行动拓展了空间,与政策规制国际化相应的是民族国家试图塑造国际政策规制的斗争。①

总之,在新的时空定位上,国家的组织原则、制度建构和治理模式正在重新整合和重组。在后福特主义和全球化语境中,政治的总体反应可以简单地归纳为:国家管理者、经济和其他社会力量正在试图将凯恩斯主义的充分就业国家转变为熊彼德主义竞争国家,它试图重新塑造国家行为,并试图发展新的统治和治理形式来解决国家和市场中新出现的问题。那么,在这个过程中,国家的作为如何?事实上,各国都正在变化的处境中寻找国家的适当位置,努力改变全球政治重组远远滞后于经济重组的被动局面。

全球化所推进的后福特制的转型使国家重新审视资本的能力。到 90 年代,资本市场的一体化已经使国家在兼顾汇率稳定性和国家货币政策自主上越来越难以发挥作用,不仅如此,资本的高度流动所带来的降低税收和劳动力成本问题也考验着国家能力。然而,各国却不得不以积极的姿态面对这项二十多年来各个国家的国内优先选择和对外战略政治交互作用的成果,不仅肩负着维持经济增长的责任,而且要对因资本流动而造成的社会不公正问题负责。在经历了近二十年的新自由主义经济变革之后,国家进一步获得了在市场中生存的权力,它作为市场中的最后求助者的作用已经变得越来越重要,与此同时,国家也日益认识到必须在民主和法治上为市场创造良好运行的条件,努力消除市场中存在的不公正。

与全球资本共存并且对其进行适当的规制是国家在未来的重要选择,然而,这项任务已经不可能仅依靠国家自身的力量来完成。实践表明,国家并非总能适当地履行自己的职责,过于膨胀的资本权力常常牵制甚至压倒政治权力,而且政治与经济的结盟将导致更大的社会利益的丧失。此类历史教训使越来越多的人认识到,在规制资本的过程中,国家必须借重公民社会的力量。

新的积累形式所推动的国家职能转变、由资本全球扩张所带来的对一个

---

① B. Jessop. *The Future of Capitalist State*. pp. 195-201.

更加自由和公正社会的呼求,在推动国家转型的同时催生了公民社会,构成了世纪末公民社会复兴的最根本原因,此外,新自由主义改革和政府再造运动在这一过程中同样发挥了重要作用。新自由主义虽然过分夸大了市场的作用,但是作为对国家干预主义的一种反动,它对市场的信任却促使国家重新对待公民社会,尤其是新制度主义和产权学派的理论,指明了国家瘦身的方向在于向公民社会转交权力。尽管在新自由主义理论中,公民社会一词几乎等同于经济社会,其所倡导的公民社会自由基本等同于市场自由,但是,在公民社会的讨论热烈起来之后,这一术语的含义很快变得复杂起来。另外,在上世纪末的西方政府再造运动中,各种意识形态共同推动的政府再造运动从公共行政的技术变革出发,达成了这样一种共识,即政府不是公共物品的唯一提供者,公民及其组织能够通过多种形式参与到公共行政的过程中来,公民不仅必须具有足够的参与选举、决策、管理和监督的权利,还要使政治体制形成分权化、倾向自主治理的体系。① 这样,对公共管理的讨论自然而然地延伸到了政治学领域,对国家与公民社会关系的讨论也成为全球化时期公共管理领域和政治学领域的共同话题。

可以说,重新发现公民社会,是 20 世纪末全球政治的鲜明特征。对此,我们可以从公民社会中非政府组织规模的扩张中获得进一步认识。在法国,仅仅在 1990 年就建立了 6 万多个社团;在巴西圣保罗,有近 45000 个非营利组织在发挥作用,而整个巴西有近 20 万个非政府组织在发挥作用。② 在我国,从 20 世纪 50 年代一直到改革开放前的 70 年代,各种社团和群众组织的数量非常小,50 年代初,全国性社团只有 44 个,60 年代也不到 100 个,地方性社团大约在 6000 个左右。到了 1989 年,全国性社团增至 1600 个,地方性社团达到 20 多万个。③ 此后,1989 年和 1998 年政府两次对社团进行了重新登记和清理,其数量有所减少。但到 2009 年底,全国各类民间组织已发展到 42.4 万个,其中社会团体 23.5 万个,民办非企业单位 18.8 万个,基金会 1780 个。④ 在全球层面上,据《国际组织年鉴》2005－2006 年的统计,国际非政府组织的数量持续不断地增长,透明国际在 1995 年只有 5 个国家分部,在 2005 年已经

① 参见文森特·奥斯特罗姆:《美国联邦主义》第九章,上海三联书店 2003 年版。
② 莱斯特·萨拉蒙、赫尔穆特·安海尔:《公民社会部门》,载何增科主编《公民社会与第三部门》,社会科学文献出版社 2000 年版,第 261 页。
③ 王名等:《中国社团改革》,社会科学文献出版社 2001 年版,第 4 页。
④ 参见中国民政部网站。

有 90 多个国家分部,而国际红十字会几乎在每一个国家活动。更为重要的是,非政府组织的作用越来越为人们所重视,在 21 世纪头十年的各国自然灾难中,国际非政府组织在救灾、灾后重建中的作用受到政府的充分肯定。在我国 2008 年汶川大地震中,参与抗震救灾的国际国内非政府组织就有一百多家,志愿者的身影随处可见。

表 1　2001—2009 年我国社会组织数量

指标	2001 年	2002 年	2003 年	2004 年	2005 年	2006 年	2007 年	2008 年	2009 年
社会团体	12.9	13.3	14.2	15.3	17.1	19.2	21.2	23.0	23.5
民办非企业	8.2	11.1	12.4	13.5	14.8	16.1	17.4	18.2	18.8
基金会(个)			954	892	975	1144	1340	1597	1780

　　伴随着国家的转型,公民社会迅速成长,进而形成为一股引人注目的力量。这种变化不可避免地带来了国家与社会关系的重构以及对这种重构的理论阐释。毫无疑问,国家现在处于一种新的情境之中,公民社会不再只是国家与社会关系变动进程中的因变量,它因自身的强大也成为了这一进程中的自变量。治理理论突出强调了这种新变化,它指出,国家、公民社会和市场应取得平等的主体地位,尽管国家由于传统职能的惯性会在更多的时候居于主导地位,但这不等于说资本和公民社会是次要的治理主体;而且,治理的方式应该是基于谈判和协商的多向度互动。这样,国家就将不再垄断公权力,相应的职能将大幅度削减,其角色也将由公共服务的提供者转变为监督者和服务者。治理理论在某种程度上再现了全球公民社会和全球资本迅速发展的现实,具有一定的解释力。然而,回顾国家、资本和公民社会的关系,不难发现,自 19 世纪末自由市场经济的地位确立以来,尽管经历了国家干预主义期间资本权力没落的阶段,总体上,资本作为“第二种权力”的地位基本确定,尤其是在新自由主义与全球化相结合的今天;相比较而言,公民社会(抽离了市场的公民社会)似乎没有那么幸运。尽管公民社会在历史上或许曾经存在,也或许曾经兴盛,但称其为“第三种权力”却是近年来的事情,并且,这种说法是否恰当,仍需接受现实的检验。

二、全球公民社会与国家的现实关系

各种因素共同推动的国家转型为公民社会的发展创造了空间,不但促成了民族国家内部公民社会的迅速发展,而且催生了一个全球公民社会。

众所周知,在"去领土化"和公民社会确立"合法性"的进程中,国家发挥了关键性的作用。是否选择向全球开放以及选择何种程度的开放,自1648年威斯特伐利亚条约后,除了主权国家,没有任何一种力量可以对这个问题做出回答。冷战结束后令人目眩的快速全球化,既是发达资本主义国家积极运用媒体轰炸和外交谈判的结果,同时也是发展中国家积极寻求外部资助以谋求快速发展的必然产物。同样的,公民社会合法性地位的确立,也是各国政府的一种策略性选择。在90年代,许多国家都修订了法律,使公民组织的发展成为可能,这尤其出现在一些后全能主义国家中,如罗马尼亚和俄罗斯。在其他国家,比如泰国和日本,也对公民组织实施了限制性的许可。① 可以说,在全球公民社会的发展过程中,国家发挥的第一个重要作用就是为公民社会组织和活动提供了安全和制度空间。② 尽管各国都对公民社会组织的发展设立了不同程度的限制,但是公民社会组织的存在几乎为所有国家的法律体制所允许,不仅如此,各国还放松了对他国公民社会组织进入的管制,使大规模的跨国公民社会交往和活动成为可能。就我国而言,2004年已有2,000多家外国非营利组织的代表机构在工商部门登记,实际上没有登记的可能更多。跨国性交往和行为在过去10年中也呈现出蓬勃发展的趋势。1995年,30万人参加了北京世界妇女大会的非政府论坛,3,000个非政府组织参加了正式会议。2001年1月25日,来自世界122个国家和地区的非政府组织代表3,000多人出席了在巴西召开的首届世界社会论坛会议;2009年,来自150个国家和地区的10多万名代表参加了持续了6天的第九届世界社会论坛。

其次,国家为全球公民社会的发展提供了资源。许多公民社会依靠政府获得资助,在德国、日本、美国、意大利、英国等国家中,非营利组织有大约

---

① J. A. Scholter. Global Civil Society. In Ngaire Woods (ed.). *The Political Economy of Globalization*. Macmillan, 2000. p. 183.

② M. Kaldor. *Global Civil Society:An Answer to War*. Polity, 2003. p. 109.

41％的收入来自政府,相对于私人募捐和服务性收入而言,"政府成了非营利性收入的主要来源"①。全球性的公民组织也以来自政府或国际组织的资助为主要活动经费。据世界银行报道,过去 15 年中,世界银行已资助 60 个国家的 100 多项社会基金项目,总额近 40 亿美元。除直接的资金援助外,公民社会还分享着国家提供的其他资源。比如"国际规制就为跨国经济、文化和社会网络打下了一定基础。国际规制为许多跨国行为制定规范,从而降低了参与者的交易费用"②。

全球公民社会的出现在很大程度上源于国家体系的支持,后者提供的合法性以及制度和物质资源是前者得以发展的基本前提,甚至可以说,全球公民社会是国家与社会关系调整过程中国家不断自我限制的产物。不过,国家对全球公民社会的态度也是有选择性的。在发达国家中,几乎每一个地方的公民社会部门都由四个部分组成,即教育和研究、健康、社会服务和文化与娱乐组织。这四个部分占据了公民社会部门近 80％的开支。在发展中国家,公民社会组织结构不尽相同,发展组织和住房组织起到了重要作用。③ 全球公民社会组织则更多地集中于某些具体的全球议题,比如全球疫苗和免疫联盟、清洁空气倡议、遏制结核病倡议及全球水事伙伴关系等。那种单纯以实现公民权利为目标的全球公民组织只在少数。这表明,当扮演一种提供补充性社会服务、帮助国家解决问题的角色时,全球公民社会更可能获得国家的承认和支持。此时,两者之间可以达成一致,并结成友好合作的关系。从国家的视角看,事情更是如此。比如,英国在 90 年代的福利制度改革中,因向上、向下和向外转移国家职能的需要,主动提出要发展公民社会,认为"培育一个积极的公民社会是第三条道路政治的一个基本组成部分"④。而那些以对抗的姿态出现的公民社会组织或活动则可能成为国家严肃规制甚至取缔的对象。

杰佛瑞·埃若斯(Jeffrey M. Ayres)曾指出,国家可以自由地取舍对待公

---

① 莱斯特·萨拉蒙、赫尔穆特·安海尔:《公民社会部门》,见:何增科主编:《公民社会与第三部门》,社会科学文献出版社 2000 年版,第 263—264 页。

② 保罗·韦普纳:《全球公民社会中的治理》,载俞可平主编:《全球化:全球治理》,社会科学文献出版社 2004 年版,第 189—190 页。

③ 莱斯特·萨拉蒙、赫尔穆特·安海尔:《公民社会部门》,见:何增科主编:《公民社会与第三部门》,社会科学文献出版社 2000 年版,第 264 页。

④ 安东尼·吉登斯:《第三条道路》,北京大学出版社 2000 版,第 82 页。

民社会运动的态度,两种最常见的态度是温和反应和强硬反应。^①温和反应常见于在国际贸易和投资等会议之前与抗议团体一起举行空洞的咨询会议,这些咨询会议表面是给抗议团体发言权,实则是减少来自反对者的压力,是在为国家从事公关活动。比如,1998 年在"对外贸易仲裁委员会"(Foreign Trade Arbitration Commission,FTAA)谈判的公民抗议中,国家的反应是设立一个政府代表委员会。而这个委员会并不鼓励国家和激进主义者之间真正互动,相反,公民社会组织被鼓励将意见投进一个"邮筒",被告知贸易部长将阅读这些意见。事实上,这些意见并未被重视,公民社会组织的政策建议在接下来的对外贸易仲裁委员会的谈判中并没有被考虑。

国家对公民社会的强硬反应常借助于国家强制力和暴力警察。在 1997年的加拿大,大学生集会和平地抗议亚太经济合作论坛,他们主要不满对会议的警察保护和印度尼西亚的著名独裁者苏哈托与会。加拿大皇家骑警队无视抗议者的宪法权利,向抗议者喷洒胡椒粉。1999 年在针对世界贸易组织千年圆桌会议的国际抗议者集会中,西雅图警方与抗议者起了冲突。2001 年在意大利热那亚举行的针对八国峰会(G8)的抗议游行中,一位反自由主义全球化的抗议者在与警察的冲突中丧生。意大利内务部长对此做出评论说,"国家永远不能丧失对暴力使用的垄断……必须保证高峰会议的安全。"^②2009 年二十国集团峰会(G20)同样面临激烈抗议。反抗除了针对大规模运动的显而易见的行动外,国家在日常的管理过程中通过多种方式监控着公民社会的行为。比如对反全球化者的电话和手机进行监听,拦截他们的电邮和传真。"9·11"事件之后,在"反对恐怖主义"的大旗下,全球公民社会的活动被合法地纳入更加严密的控制之中。

尽管社会运动仅是公民社会一个组成部分,埃若斯的理论并不能对全球公民社会作一个整体性的描述,我们从中仍能窥见国家与全球公民社会的一般关系。在威斯特伐利亚体系尚未受到根本性冲击的国际体系中,三权国家是主动者和操控者,是权力的实际掌握者,全球体系的权力格局没有发生根本性改变,全球公民社会尚未分享到权力的一杯羹。这一点从全球公民社会发挥作用的范围和方式中也可以看出来。在联合国网站上,民间社会组织在

① J. M. Ayres. Global Civil Society and International Protest: No Swan Song Yet for the State. In G. Laxer, S. Halperin (eds.). *Global Civil Society and Its Limits*. Palgrave Macmillar., 2003. p. 35.

② Ibid. p. 37.

联合国和全球施政中发挥影响的方式被归纳为三种：一是业务参与和伙伴关系，主要是借助非政府组织和其他民间社会组织的业务和基层经验，加强联合国项目和方案的范围和效力；二是通过宣传、运动和抗议、对话和协商等多种形式影响政策和政策对话；三是通过参与讨论、提出建议、参与管理等方式影响国际机构的施政进程。公民社会的这些功能，用迈克尔·爱德华兹（Michael Edwards）的话说，就是只拥有声音而非选票。① 由此可见，全球公民社会远不像许多乐观主义者所认为的那样已成为多元世界体系中的一元，它的地位仍是边缘化的，它之于国家的关系取决于当它被用作一种政治策略时所欲求的目标。

当然，如果因此将全球公民社会定位于一种消极存在，则会忽视它作为一个具有多重涵义的概念所包含的巨大可能性。从经验事实看，在补充国家职能的功用之外，全球公民社会还对主权国家构成了的实实在在的压力并时常能够取得令人欣喜的成果。它们的倡议，如关于禁用地雷、取消债务和保护环境等问题的倡议，赢得了全世界无数公众的支持；它们的建议有时也能获得国家的采纳，如在国际非政府组织"饥荒对策机构"的斡旋下，韩国于2004年接受了朝鲜咸镜北道罗先市出口的商品。全球公民社会的一些组织还与联合国和世界银行等国际组织结成了长期的合作关系，在国际政策的制定上发挥着重要作用，如联合国系统内的妇女、儿童和青年、农民等群众组织经常会参加联合国的审议进程。而且，全球公民社会并不满足于影响主权国家政府和国际组织的议程，许多公民组织旨在谋求超越国家体系的价值分配方式。国际会计准则委员会（IASC）成功地排挤了颁布会计标准的政府间努力，1998年以来发挥了得到七国集团、国际货币基金组织和世界银行认可的重要作用。国际商会（ICC）代表了来自130多个国家的私营公司和协会，它宣称自己在制定管制跨界交易行为的规则中拥有"无与伦比的权威"。这些规则尽管是自愿性的，但它们每天为数不清的、金额庞大的交易活动所遵循，并已成为国际贸易结构的组成部分。此外，国际商会还提供国际仲裁法庭，它是世界首要的仲裁机构。②

迄今为止，全球公民社会虽然仍不能完全绕过主权国家行动，但它却展

① M. Kaldor. *Global Civil Society：An Answer to War*. p.141.
② 戴维·赫尔德：《治理全球化：权力、权威与全球治理》，社会科学文献出版社2004年版，第13页。

示了在国家或政治权威之外参与、决策和解决问题的可能性。在 20 世纪的超国家政治发展中,全球公民社会部门与政府机构之间的公私伙伴关系非常明显。① 国与国的外交关系,在国际关系中仍然举足轻重,但它现在得到了非政府组织活动的补充,在某些情况下甚至被后者所取代,或者被后者推到次要的位置。② 全球公民社会常常能通过与非政府朋友的联合以及向政府间组织求助成功地向主权国家和国际体系施加压力,它不仅影响着主权国家的价值分配,也影响着全球的价值分配。不但如此,全球公民社会积极有效的运作还促进了主权国家从传统治理模式向全球治理模式的转型。

在全球化进程中,传统主权国家领域内的事务日益具有了跨越边界的特征,许多问题如果不纳入全球视域就得不到有效解决,比如国家安全和经济竞争;同时,全球性的公共问题也日益增多,比如生态环境和人类和平。如何有效地治理这些问题成为全球化中的一大课题。在主权国家治理能力受到挑战,同时又不存在一个世界性政体的情况下,多中心多层次的治理方式受到了许多学者的青睐。而全球公民社会因其分散性、专业性而被认为是新的全球治理体系中的核心力量,这种看法当然也基于全球公民社会过去十几年中在国际舞台上扮演的重要角色。在赫尔德推设的从全球化到全球治理体系的形成过程中,全球公民社会尤其是非政府组织及其跨国联合既起到了促成国家与非国家主体合作的作用,也是国家职能转移的主要承接者,是全球治理体系的当然主体之一。③ 而修尔特更是直接指出,全球公民社会推动了治理的私有化,促成了多层治理体系的形成,实现了从国家主义的单维度治理向地方的、国家的、区域的和全球层次的多维度治理的转变。④

马丁·阿尔布劳(Martin Albrow)曾经指出:"全球性的变迁必然导致国家理论的重建。"⑤全球公民社会与国家的关系有力地支撑着这一论断。国家尽管仍主导着全球公民社会的发展、规制着它的前进方向,但全球公民社会对全球秩序的影响正现实地挑战着国家及相关的政治观念,更为重要的是,这种挑战不仅仅是现实的,更是潜在的。这种新的情势必然需要新的理论对

---

① J. Keane. *Global Civil Society*? Cambridge University Press,2003. pp.9-10.

② 格托夫:《人类关注的全球政治》,新华出版社 2000 年版,第 12 页。

③ 戴维·赫尔德:《全球大变革:全球化时代的政治、经济和文化》,社会科学文献出版社 2001 年版,第 68—122 页。

④ J. A. Scholter. *Global Civil Society*. p.185.

⑤ 马丁·阿尔布劳:《全球时代:超越现代性之外的国家与社会》,商务印书馆 2001 年版,第 272 页。

它做出合理的描述、阐释以及预测。

三、国家与社会关系的理论重构

　　全球公民社会的经验发展推动了相应的理论研究。在上世纪 90 年代,一些学者开始关注这一现象,对"自下而上"的全球化的研究、对全球社会运动的研究、对国际非政府组织的研究、对全球公民社会与全球政治及全球治理关系的研究、对全球公民社会与公民身份和全球伦理关系的研究、对全球公民社会与民主和全球民主关系的研究等等,共同构成了全球公民社会的理论视域。不但如此,作为一种现象和理论的全球公民社会的兴起同样是推动世纪末国家理论复兴的重要因素之一。科恩(Edward S. Cohen)曾经指出,"围绕经济全球化的争论有一种特定的模式,(它)常常回到对现代民族—国家及其所处的国际社会、经济和政治环境关系的争论……无论具体的问题是涉及贸易政策、金融市场的权力还是移民的影响,大多关于经济全球化的讨论最终都转向在新的、经济全球化组织下的社会和经济环境中的国家角色问题"①。这一论断同样适用于描述围绕着全球公民社会的争论,在绝大多数的情况下,全球公民社会所代表的是一种对未来世界政治的勾画,其中国家不再独占主权的位置。在学术研究的具体取向上,无论是对国际非政府组织的研究,还是对全球伦理、全球民主和全球治理等问题的研究,无不是围绕着国家的新角色而展开的。在国际关系和全球政治领域研究公民社会的学者们所探讨的是全球公民社会对国家主权的影响以及由此导致的世界政治格局的变化;对全球公民社会作哲学和伦理学研究的学者们通常致力于追问:全球公民社会是否造成了民族国家"公民身份"与新的道德和政治共同体身份之间的断裂,全球公民行动者是否是世界伦理行动的来源,它们与传统国家政治之间的关系是什么;而关注全球公民社会与民主关系的学者所讨论的问题无不集中于全球公民社会之超越传统的局限于民族国家内部的民主的意义以及实现这种超越的可能性,等等。可以说,对全球公民社会的讨论构成

---

① E. S. Cohen. Globalization and the Boundaries of the State: A Framework for Analyzing the Changing Practice of Sovereignty. In *Governance: An International Journal of Policy and Adimmistration*, Vol. 14, No. 1, Jan 2001. p. 75.

了复兴后的国家理论的一个重要组成部分,它生动地体现了复兴的国家理论更多的是对"社会性的复兴"与民族国家的物质基础被摧毁、主权受到挑战的反思[①]这一鲜明特点。

正因此,像我们曾经将新自由主义理论、左翼批判理论和"第三条道路"理论纳入到国家与社会关系的分析框架中进行考察一样,我们对全球公民社会理论的研究也将在这一分析框架中进行。我们所要追问的问题主要是:(1)全球公民社会的产生和发展与国家和社会关系的转型存在何种联系;(2)全球公民社会的存在对国家主权带来了什么影响,该影响的限度在哪里,"社会中心主义"与"国家中心主义"各自的解释力有多大;(3)全球公民社会对国家与公民的关系是否以及如何造成了冲击,全球公民社会与全球公民身份的关系是什么,它们对民族国家又意味着什么;(4)全球公民社会是否代表着对传统民主的超越,在追求全球民主的过程中,全球公民社会和国家应该分别扮演什么角色。这些问题归结为一点,即试图为全球公民社会和国家定位角色、明确关系。

为此,本书不仅要说明国家虽然受到来自全球公民社会的影响和制约,但其程度却是相当有限的,这种状态还将持续相当长的时间,即使是在全球公民社会与全球资本共同作用的情况下,国家在可以预见的历史中不会消亡;不仅要说明在今天仍显羸弱的全球公民社会具有美好的发展前景,它必将成为与国家和资本相平等的全球治理的三大基础设施之一;本书更要说明的是,虽然在未来的全球政治中,全球公民社会、全球资本将成为与国家相平等的治理主体,但这仅仅是否定了目前存在的国家作为"唯一的"(orly)治理主体的地位,而不是要否定国家作为"主导性的"(primary)治理主体的地位,国家虽然不再是"家长",但它应该拥有"兄长"的身份。

具体而言,依据治理理论,国家的变革是政治和技术变革的结合,由此,合理定位自身的职能是国家变革的首要任务。众多的讨论大致给出了国家职能转换的三种方向:一是向下转移至地方政府;二是向外转移至市场和公民社会;三是向上转移至国际组织。其中,全球公民社会是国家职能转变的重要承接者。具体而言,在国家层面上,全球公民社会可以承担起部分公民教育的任务,促进民主和自治文化的形成;可以实施多种形式的社会救助,促

[①]　参见鲍勃·杰索普:《国家理论的新进展:各种探讨、争论点和议程》,载《世界哲学》2002年第1—2期。

进社会福利的发展;可以监督政府和市场行为,促进公共责任和社会正义的实现;可以联结政府和市场,促进两者之间的沟通和协作;可以利用专业优势提供公共物品或准公共物品,促进公共服务的多元化。在全球层面上,全球公民社会有助于促进民族国家之间的交流与合作;有助于抑制帝国主义、霸权主义和全球资本主义的侵略;有助于平衡利益、缓解矛盾、促进发展、消除贫困,实现安全与和平;有助于培育全球公民意识,维护基本人权,实现全球自由和民主。总之,全球公民社会能够在政治体系外部弥补政府组织治理公共事务的不足,同时发挥自身灵活、精干、专业、高效的优势,并重新激活公共事务领域中被政府组织所遗漏的治理盲区。

全球公民社会(以及全球资本)分担国家的部分职能,看似导致了国家作用的削弱。然而,全球公民社会治理功能的实现,关键还在于国家要给予公民社会一定的活动空间,借助制度安排明确双方的治理任务,确定各自在治理体系中的权责义。国家在此时的角色,正如一些论者在反思新自由主义的最小国家理论时所指出的,新自由主义要求国家既应是一种在"回缩"(rolling back)意义上的"最小国家",又应是一种在提供规则意义上的"强国家"①,全球治理要求国家瘦身,要求国家转换角色,同时又要求国家承担起更大的责任,在这一点上,它与新自由主义的精神是一致的。可见,全球治理不是不要国家,而是要求国家不断地调整以回应挑战。具体到国家在治理体系中的地位,著名治理理论家杰索普提出的"元治理"理论为我们提供了极具价值的参考。

除上文所提到的全球公民社会自身存在的局限性之外,杰索普的"元治理"理论还基于这样的事实:一个多元权威并存的治理体系正在形成,但它缺陷重重。首先,全球治理体系形成的最基本的推动力是新自由主义的意识形态和经济力量。新自由主义迷信市场,其制度化的焦点也在于由国际金融机构、七国集团各国的财政部、私人性国际商业团体以及世界经济论坛等一些国际关系委员会所组成的网络。网络中各种不同的行动者,都"大力参与了对权力关系、法律规范、生活方式、劳动方式、全球社会(以及民族国家社会)的虚拟世界的塑造"②,使得表面上是"后政治"的世界社会,实质上却是在摆

---

① 参见戴维·赫尔德:《民主的模式》,中央编译出版社 1998 年版,第 320—321 页。

② B. Deacon,International Organizations,the EU and Global Social Policy. In *Globalization and European Welfare State*. Palgrave,2001,p. 68.

脱了民族国家关系之后形成的一个高度政治化的世界。受此影响，全球治理很可能成为一件理想主义的外衣，下面隐藏着狡诈的经济自由主义与西方国家的意图和价值观，发展中国家很难进入全球治理的主流。其次，在全球治理中，不仅发展中国家与发达国家的地位是不平衡的，政治、市场和公民社会之间的权力关系也是不对等的，所谓的"全球民主"事实上并不存在，全球治理无法代表全球公民的真实意愿。另外，全球治理尚缺乏全球协调、管理和制裁的机制。世界统一的政治纲领和行为标准都没有确立起来，这"产生了相当的政策非理性、制度间的斗争、管辖权的重叠，以及竞争性政策网络的扩散"①。最后，全球治理在战略上的管理不足也降低了政策的有效性和影响力，而缺乏制度和法律上保障，也使得全球治理中容易出现服从性的缺陷。

全球治理的种种不足提出了"治理"全球治理的必要性。考察治理的不同主体，可以说，只有国家拥有足够的资源为治理确定模式、实现其合法性并监督其实施。在杰索普的理论中，国家因此必须履行"元治理"的功能，平衡地方、国家、区域、全球各层次的治理，协调它们的行动。赋予国家"元治理"的功能与赋予国家至高无上、控制一切治理安排的能力截然不同，相反，国家履行"元治理"的责任所要实现的是担当制度设计、提出远景设想的任务，从而促进不同领域的自组织。具体地说，在"元治理"中，国家为治理和规章秩序提供基本规则，使治理伙伴通过这些规章秩序实现目的，确保不同治理机制和规制的兼容性或连贯性；充当政策共同体中对话的主要组织者；展开一种有组织的对情报和信息的相对垄断，从而塑造人们的认知期待；在治理内部有冲突和有争议时充当"上诉法庭"；为了系统的利益或社会凝聚，试图通过支持较弱的力量或系统来平衡权力差异；试图更改认同的自我理解、策略能力以及个人和集体行动者在不同策略环境中的利益，并且由此改变它们对优先策略的影响等等。"元治理"并没有取消其他的协调形式，市场、等级制度和自组织依然存在，但是它们"通过谈判来进行决策"。由此，一方面，市场竞争被协作所平衡，"看不见的手"将和"看得见的手"连接在一起。另一方面，国家不是最高权威，它不过是多元"制导"系统中众多成员之一，而且为谈判过程贡献自己的独特资源。随着网络、伙伴关系以及其他的经济和政治治

---

① 托尼·麦克格鲁：《走向真正的全球治理》，载《马克思主义与现实》2002年第二期。

理模式的扩大,官方机构最多也不过是同辈中的居首位者。①

　　然而,"元治理"理论仍然接近于一种理想形态,因为国家"元治理"作用的发挥仍然依赖于一系列苛刻的条件,其中最为重要的是全球资本的合作倾向以及全球公民社会的发育程度。因此,正如杰索普特别告诫的,治理、"元治理"如同市场失灵或政府失败一样,也可能遭遇失败,这或许根植于国家自身存在的悖论,"一方面,它是一种处于某种社会形成过程内部的、与其他的制度性整体并列存在的制度性整体;另一方面,人们又把具有总体性的、维护社会形成过程的凝聚力的责任专门赋予了它"②。而这一治理、"元治理"的失败正是未来资本主义社会形态危机的潜在根源。对此,杰索普认为,永久的解决方案是不存在的,如果我们认识到协调的尝试总是不充分和不完善的,那么我们就有必要采取一种追求最低限度满意的策略,它包含三个维度:"第一,反思在不能完全成功的情况下,什么是我们可以接受的结果;第二,精心培育一整套灵活的应对措施,尽可能改变并选择那些最能成功的策略;第三,需要一个自我反思的'反讽',其作用在于相关的社会力量必须认识到失败的可能,但是仍然按照可能成功的方式坚持下去。"③

　　总之,在未来,国家将更加趋向于在全球治理中扮演日益重要的角色。它既是多层次合作网络中不可缺少的成员,也是联结全球与地方的不可绕过的中间环节,同时还是全球治理的监督员和裁判员;既是自由市场的建构者和守护者,也是公民社会的建构者和培育者,同时还是全球发展与正义的推动者和维护者。国家不但不会消亡,它还将获得巩固。

---

　　①　杰索普:《治理的兴起及其失败的风险:以经济发展为例的论述》,载俞可平编《治理与善治》,社会科学文献出版社 2000 年版。以及 B. Jessop. *The Future of Capitalist State*, Polity Press, 2002, pp. 242-243.

　　②　参见鲍勃·杰索普:《国家理论的新进展:各种探讨、争论点和议程》,载《世界哲学》2002 年第 1—2 期。

　　③　B. Jessop. *The Future of the Capitalist State*. Polity Press, 2002, pp. 244-245.

2 全球公民社会:理论模式与研究框架

近年来英语界对全球公民社会的关注令人吃惊。从学术界到政界甚至商界,许多人谈论这一概念以及从事相关研究,这反过来又使得全球公民社会作为一个包容性极强的新术语,很快就在全球范围内流行起来了。从学术研究上看,世纪之交的全球公民社会研究已步入成熟,研究涉及国际关系、国际政治经济、社会学、政治学以及政治哲学等多个学科,研究方法已经从实证考察延及规范性分析;相应的研究成果也颇为丰硕,尤其是新世纪以来,一些有影响力的著作和论文相继问世,比如萨拉蒙等人出版的四部《全球公民社会年鉴》、卡尔多所著《全球公民社会:对战争的回答》以及基恩的著作《全球公民社会?》,这些著述不仅提供了全球公民社会的生动画卷,更提出了对这一概念做出批判性思考的必要性。

近三五年,国内学术界开始关注西方的全球公民社会理论,部分学者对这一领域进行探索并取得了一些研究成果。但是,相对于西方十多年的研究积累,无论是在对现实的认识上还是在理论建树上,我们都处于起步阶段,因此,有必要进一步加强对全球公民社会的研究和探讨。本章拟从全球公民社会的概念、全球公民社会的产生和发展、全球公民社会的理论模式、全球公民社会的规范性分析框架以及我国的全球公民社会研究等五个方面对这一领域的研究现状作出述评,以作为深入研究的基础。

一、什么是全球公民社会

艾丽斯·勃丁于 1988 年在《建立一种全球公民文化》一书中使用了"全球公民文化"(global civil culture)一词。虽然并非"全球公民社会"这一词汇本身,但因前者准确地描绘了该领域的特征①而被认为是最早论及"全球公民社会"的学者。1990 年和 1991 年,奥各德(M. Ougaurd)和海登(R. Tandon)等人分别使用过"公民社会的国际化"(the internationalization of civil society)和"国际公民社会"的概念(international civil society)。随后,史蒂芬·吉尔首次使用了"全球公民社会"(global civil society)一词。② 1992 年,让尼·利普舒兹尝试着界定了这一概念。③

目前在西方,全球公民社会一词已被广泛运用。许多学者和实践工作者使用这一概念来描述或分析在较大范围内影响全球事务和全球秩序的公民组织和公民活动领域。④。也有部分学者使用 cosmopolitan civil society (CCS)、world civil society(WCS)、transnational civil society(TCS)和 international civil society(ICS)等概念来表达基本相似的范畴⑤。一些著作中存在较为普遍的不同概念替代使用的现象,比如,理查德·杨(Richard Youngs)就在同一本着作中交换使用 CCS、TCS 和 GCS。而 TCS 和 GCS 的

---

① 勃丁根据国际非政府组织的活动内容,将全球公民社会在国际舞台上所扮演的角色概括为六个方面:游说政府、培育世界公民身份、新的关于国家的思想观念、北方了解南方的新方式、创造和维持信息渠道和作为对国家失望的一副解药。参见 E. Boulding. *Bulding a Global Civic Culture*:*Education for an Interdependent World*. Syracuse University Press,1988. pp. 33-45.

② S. Gill. Reflection on Global Order and Sociohistorical Time. In *Alternatives*,1991,16 (3).

③ 利普舒兹认为,"全球公民社会……是聚集于那些由当地行为者自觉进行的跨越边界空间的知识和行动网络建构,尽管他们(当地行为者)并不在那里(指跨越边界的空间)。" R. D. Lipschutz. Reconstructing World Politics:The Emergence of Global civil society. In *Millemium*:*Journal of International Studies*,1992,7(6). p. 390.

④ 如 R. D. Lipschutz, J. Mayer. *Global Civil Society and Global Environmental Governance*. SUNY, 1996;R. D. Lipschutz. *After Authority*:*War*,*Peace and Global Politics in the 21st Century*. SUNY, 2000; H. Anheier, M. Glasius, M. Kaldor (eds.), *Global Civil Society* 2001. Oxford University Press, 2001; H. Anheier, M. Glasius, M. Kaldor(eds.), *Global Civil Society* 2004/5. SAGE, 2005; M. Glasius, M. Kaldor, H. Anheier(eds.). *Global Civil Society* 2002. Oxford University Press, 2002;M. Kaldor, H. Anheier, M. Glasius(eds.). *Global Civil Society* 2003. Oxford University Press,2003;M. Kaldor. *Global Civil Society*:*An Answer to War*. Polity, 2003;J. Keane. *Global Civil Society*?; G. Baker, D. Chandler. *Global Civil Society*:*Contested Futures*. Routledge, 2005; R. Taylor (ed.), *Creating a Better World*:*Interpreting Global Civil Society*. Kumarian, 2004; D. Chandler. *Consturcting Global Civil Society*:*Morality and Power in International Relations*. Palgrave,2004.

⑤ R. Youngs. *International Democracy and the West*:*the Role of Governments*,*Civil Society*,*and Multinational Business*. Oxford University Press, 2004; A. Colás. *International Civil Society*:*Social Movements in World Politics*. Polity, 2002; A. Florini. *The Coming Democracy*:*New Rules for Running a New World*. Island Press, 2003.

替代使用就更为常见。但有学者反对用"跨国的"、"世界的"等带有国家中心主义色彩的词语作为公民社会的前缀,认为只有使用"全球的"才能最准确地表达全球公民社会的时代性和全球价值内涵。① 另有学者认为公民社会还没有真正成为全球的,用 ICS 来描述现状可能更为准确。② 奥那弗(Onuf)则指出,应该用 Late modern civil society 一词来取代 GCS 的使用,因为前者更能描述和分析当前走向全球的公民社会的后现代主义特征。③

在相应的中文译著中,GCS 一般被翻译为"全球公民社会"④,有时也被译为"全球市民社会"⑤而 CCS、WCS、TCS 和 ICS 对照的中译名词则分别为世界性的公民社会、世界公民社会、跨国公民社会和国际公民社会,或者将公民社会替换为市民社会。目前,国内已有学者对"全球公民社会"、"全球市民社会"、"全球民间社会"等概念之间的细微差别作了厘清,认为全球公民社会能较好的反映公民活动的"权利"性而非经济性或民间性特征。⑥

概念表达形式的多样性间接反映了学界在"全球公民社会是什么"这个基本问题上的理解差异。萨拉蒙在 2002 年出版的《全球公民社会——非营利组织的视角》一书中,所讨论的还是民族国家内部的非政府组织(NGOs),而非跨越国界活动的非政府组织(INGOs)。在该书的理解中,全球公民社会实质上是"全球性"的公民社会,是各民族国家内部公民社会的集合。然而,在更多学者的理解中,全球公民社会不仅是指活跃于各主权国家内部的公民社会组织及活动,它更是指跨国家边界活动着的超国家性的公民行为。比如,基恩曾经说过:"全球公民社会和公民社会之间没有界限。"⑦当然,基恩在《全

---

① H. Anheier, M. Glasius, M. Kaldor(eds.). *Global Civil Society* 2001. pp. 16-17.

② R. Kiely. Global Civil Society and Spaces of Resistance. In J. Eade, D. J. O'Byrne(eds.). *Global Ethics and Civil Society*. Ashgate,2005.

③ Onuf. Late Modern Civil Society, in R. D. Germain, M. Kenny (ed.). *The Idea of Global Civil Society: Politics and Ethics in a Globalizing Era*. Routledge, 2005.

④ 参见戴维·赫尔德:《民主与全球秩序:从现代国家到世界主义治理》,上海人民出版社 2003 年版;戴维·赫尔德:《治理全球化:权力权威全球治理》,社会科学文献出版社 2004 年版;戴维·赫尔德:《驯服全球化》,上海世纪出版集团 2005 年版;戴维·赫尔德:《全球盟约》,社会科学文献出版社 2005 年版。星野昭吉:《全球化时代的世界政治:世界政治的行为主体与结构》,社会科学文献出版社 2004 年版;莱特斯·M. 萨拉蒙:《全球公民社会:非营利部门视界》,社会科学文献出版社 2002 年版。

⑤ 如戴维·赫尔德、安东尼·麦克格鲁:《全球化与反全球化》,社会科学文献出版社 2004 年版,第 152 页;玛格丽特·E. 凯克、凯瑟琳·辛金克:《超越国界的活动家:国际政治中的倡议网络》,北京大学出版社 2005 年版,第 37 页。

⑥ 参见郁建兴、周俊:《全球公民社会:一个概念性考察》,载《文史哲》2005 年第 5 期。

⑦ J. Keane. *Global Civil Society*? p. 27.

球公民社会》中所着力讨论的仍是一种在当代发展起来的现象:快速增长的、极厚密的超国家网络、非政府行为。其他学者,如卡尔多(Kaldor)、贝克尔(Baker)、安海尔(Anheier)、赫尔德(Held)、星野昭吉、泰勒(Taylor)、坎德勒(Chandler)、扬等也较少讨论主权国家内部的公民社会之于全球公民社会的意义,他们的关注点集中于跨国性的或超越主权国家的公民社会,主要聚焦于跨国非政府组织、跨国倡议网络、跨国社会论坛、跨国社会运动等组织与行为。

具体地,修尔待从实质性要件上来讨论什么是全球公民社会。他认为,全球公民社会的存在以跨国议题、跨国交流、跨国组织和跨国团结为条件,但并不需要四个条件同时具备,只需具备 1 个或 1 个以上的条件就可以认为全球公民社会是存在的。① 卡尔多将全球公民社会看作个体得以影响国家内外决策的过程,其活动主体是全球政治中的非国家行为者:全球社会运动、国际非政府组织、超国家的倡议网络、公民社会组织、全球的公共政策网络。② 《全球公民社会年鉴 2003》则修正年鉴 2001 年中对全球公民社会所作的"一种正在出现的全球的公民行为和联系的现实"的定义,将其修正为"一个思想、价值、组织、网络和个体的领域,它首先外在于家庭、市场和国家的制度化复合体,还超越了民族社会、政治和经济的界限……全球公民社会是关于人民、组织及他们所代表的价值和思想,但首要的区别是,他们至少部分地是置于一些超越国家的地区,而非被民族国家或地方社会所局限或限制。"③ 星野昭吉从世界政治的角度理解全球公民社会,认为"它是世界范围内为人类共同幸福而展开的活动,以及由此形成的各种相互关系与斗争的舞台;它是为以实现处于沉默之中的人们以及集团基本人权为宗旨的社会;它是把个别的民主主义斗争于更高的普遍人权志向相结合的过程……无论怎么看,全球公民社会都是一种与国际体系权力建构的支配相对抗的、反权力的自主权力建构。也就是说,今天在一个国家领土范围内维护市民社会是很困难的,这就需要在市民社会之间结成的广泛关系基础上建立有法的保证的国际支配。"全球公民社会是由超国家社会运动、非政府组织和市民组成的,它们与其他主体

---

① J. A. Scholte. Globla Civil Society. In M. Woods (ed.). *The Political Economy of Globalization*. Macmillan, 2000. pp. 180-182.

② M. Kaldor. *Global Civil Society*: *An Answer to War*. p. 79.

③ M. Kaldor, H. Anheier, M. Glasius (eds.), *Global Civil Society* 2003. Oxford University Press, 2003. pp. 3-4.

一起构成了世界政治的行为体。① 由此，全球公民社会获得了与国家和国际体系权力相对立的属性，它旨在绕过国家权力实现自主治理。

修尔待、卡尔多、安海尔、星野昭吉等人初步界定了全球公民社会的本质特征，即它的全球性或跨国性、非政府性和非市场性，这代表了西方大部分学者的意见，可被视作这一概念的主导性的定义。

但是仍然存在有较大影响的不同认识。比如，韦普纳反对将市场排除在全球公民社会之外。韦普纳（Wapner）将全球市民社会定义为"处于国家之下、个人之上，但又自发地组织起来跨越国家边界的领域"。非政府组织是全球公民社会的主要构成部分，以不受国家疆界的限制为划分标准，它包括几乎所有跨国运作的组织，从国际科学团体到跨国公司到所有其他跨越边界活动的自愿性协会；其中以跨国公司为主体的全球市场是全球公民社会运作的重要经济基础。②基恩也持与韦普纳相同的意见，认为"社会—经济权力的混战和冲突在全球公民社会内部有规则地进行着。"③

对全球公民社会作统一界定是困难的。有学者认为，事实上并没有必要探讨全球公民社会的确切概念。对许多评论人员来说，定义并不是最重要的，因为全球公民社会吸引人的地方不是因为它的经验力量，它对现存国际关系的影响，而是因为它的规范和道德含义。即使是争辩全球公民社会并不存在的人也不反对用这一词汇来强调一个积极的规范的目标或理想。因此，对我们而言，更重要的是理解全球公民社会的主要方面，比如它对政治共同体的影响，对人的行为的强调以及对民主的影响。④

二、全球公民社会的产生和发展

弗洛里尼（Florini）认为，尽管 18 和 19 世纪的公民社会主要是国内的，但是有一些仍然存在跨国的联系。早在苏格兰启蒙运动之前，传教士和僧侣们

---

① 星野昭吉：《全球化时代的世界政治：世界政治的行为主体与结构》，社会科学文献出版社2004 年版，第 305－307 页。

② 俞可平主编：《全球化：全球治理》，社会科学文献出版 2004 年版，第 181、190－192 页。

③ J. Keane. *Global Civil Society*? p. 16.

④ See D. Chandler. *Constructing Global Civil Society：Morality and Power ir International Relations*. Palgrave, 2004.

就创造了持续几个世纪的跨国交往的网络,但是之前从来没有人想到过要给这样的行为贴上标签。宗教的联系为第一次现代的跨国政策运动——19世纪的废奴运动,提供了动力。在1839年成立的由18世纪活动于各国的反奴隶制组织结合而成的"英国和国外反奴隶制社会"(the British and Foreign Anti-Slavery Society),可以看作是19和20世纪充满活力的跨国公民社会(TCS)的开端。① 继反奴运动之后的以国际红十字会(the International Committee of the Red Cross)为代表的跨国非政府组织的活动、发生于19和20世纪的以西方为主要活动场所的社会运动、东西方的跨界交流活动、迅速增长的国际或区域社会论坛活动则可看作全球公民社会的发展。

但是,更多的学者不愿意将全球公民社会的历史追溯得过于长远。《全球公民社会年鉴2003》一书强调全球公民社会过去50年的历史。② 该书认为,全球性的社会运动从1960年代开始不断促进全球公民社会的成长。在1960年代有公民权利和反越战运动等,在1970年代有环境运动和妇女运动等,在1980年代有人权运动和和平运动等,在1990年代各种形式的运动都发展起来,21世纪之初,新形式的全球性和跨国性社会论坛也兴起了。但是该书主编之一卡尔多在自己的著作中却指出,虽然早在19世纪就存在跨国性的组织,并且这种跨国交往的传统在两次大战和冷战时期都没有真正停止过,但是真正意义上的全球公民社会的产生却应该是冷战结束之后的事情。因为冷战的结束意味着真正意义上的全球化过程开始了,而且真正意义上的政治开放逐渐形成了,这两个条件才使得普遍性的全球交往成为可能。③ 麦克尔·肯尼和兰道·日尔曼也赞同卡尔多对于冷战结束前东西方的和平运动点燃了全球公民社会的星星之火的判断,强调冷战结束之于全球公民社会的重要意义。④

也有学者将全球公民社会的诞生看作更晚近的事情。罗纳尔多·蒙克(Ronaldo Munch)指出,全球公民社会诞生于1992年的里约地球峰会(the Rio Earth Summit of 1992)。里约平行的NGOs论坛或替代性的峰会在媒体

---

①　A. Florini. *The Coming Democracy*: *New Rules for Running a New World*. Island Press, 2003.

②　M. Kaldor, H. Anheier, M. Glasius(eds.). *Global Civil Society* 2003. p. 15.

③　See M. Kaldor. *Global Civil Society*: *An Answer to War*.

④　R. D. Germain, M. Kenny (ed.). *The Idea of Global Civil Society*: *Politics and Ethics in a Globalizing Era*. Routledge, 2005. p. 5.

影响上显然是独一无二的。对许多人来说,它代表了能够网络化的、有发展策略的、甚至对全球治理有影响的全球公民社会真正出现了。在其后召开的北京世界妇女大会(the 1995 Beijing Conference on Women)和同一年召开的哥本哈根世界社会发展大会(the Copenhagen Social Development Comference)中,非政府组织的行动证明了这一看法。1995 年,全球治理委员会(the Commission on Global Governance)报告提出联合国应该重视全球公民社会在全球善治中的作用,报告将全球公民社会主体定位于 NGOs,将它的作用定位于咨询。至此,全球公民社会的概念才广为人知。①

从当前对全球公民社会的研究文献来看,绝大多数学者虽然承认跨国联系的长远性,但更主张将全球公民社会看作一个新名词,它区别于早期的由中央的组织机构统一控制的跨国忠诚、殖民主义和革命运动,②代表着普遍的、广泛的和有影响力的全球公民联系。事实上,绝大多数著述所考察的也主要是全球公民社会在 1990 年代及之后的经验。

大多数学者将国际非政府组织的发展作为全球公民社会发展的主要表现形式和核心内容;比如伦敦经济政治学院全球治理研究中心和公民社会研究中心正在从事有关非政府组织的长期研究项目"全球公民社会研究",他们已通过年鉴的方式连续 4 年提供了国际非政府组织发展的总体状况和基础数据。(Global Civil Society 2001、2002、2003、2004/2005)另外,国际社团联合会(Union of International Association,UIA)也提供了国际非政府组织发展的基础性数据。这些数据表明,国际非政府组织在 1990 年以后获得了最快速的发展。1990—1998 年间,国际组织以平均每年净增 2,500 个的速度扩张。到 2002 年底,各种国际组织多达 55,258 个,约 87.2% 是国际非政府组织,其中惯常的国际非政府组织有 6,398 个,约占总数的 13.5%。③ 在各和资料表明,正是迅速发展的国际非政府组织及其影响,使越来越多的人感受到了全球公民社会的存在和发展。

---

① R. Taylor (ed.). *Creating a Better World：Interpreting Global Civil Society*. 2004. pp. 13-14.

② M. G. Schechter. Globalization and Civil Society. In M. G. Schechter(ed.). *The Revival of Civil Society：Global and Comparative Perspectives*. Macmillan, 1999. p. 69.

③ UIA 1998-1999,pp. 1759-1760;2002-2003, p. 1853.

　　另外有一些学者主要关注作为"自下的全球化"的全球公民社会形式。①
"自下的全球化"针对由国家和资本主导的、由精英实施的"自上的全球化",
它所挑战的是全球资本的权威,意欲通过发展草根民主来建设新自由主义全
球化的替代方案。因此,反全球化运动及与之相关的人权运动、绿色运动、女
权运动等跨国社会运动是其主要组织部分。跨国社会运动的存在同样是久
远的,但是 90 年代以来的发展尤其引人注目,尤其是世纪之交世界性的反全
球化运动的出现,体现出了社会运动前所未有的深度。研究者们一般认为,
大规模的全球性的反全球化运动始于 1999 年 11 月发生在西雅图的示威游
行。此次运动极大鼓舞了全世界数以百万计的人挑战新自由主义的信心,之
后,诸多的示威行动涌现出来,矛头直接指向各种国际会议。② 2001 年
"9·11"事件后,由于世界形势的复杂性,反全球化运动开始降温,并逐渐转
向全球正义运动,与此同时,一种新的反全球化和全球正义运动的形式出现
了,即全球性或区域性的社会论坛。从 2001 年开始,世界社会论坛(World
Social forums)每年召开一次,2002 至 2004 年,区域性社会论坛(Regional
social forums)召开了 12 次,主题性社会论坛(Thematic social forums)召开
了 8 次。③ 新的研究则普遍认为,2008 年世界性金融危机的到来,为社会主义
运动、反全球化运动为主要形式的全球社会运动的高涨提供了新的契机。

三、全球公民社会的理论模式

　　目前西方学术界对全球公民社会的研究大致可以分为四个领域:(1)具
体问题领域的研究。在研究全球公民社会时主要探讨国际非政府组织、跨国

---

① See R. Falk. *On Humane Governance*. Penn State University Press, 1995; R. Falk. Global
Civil Society:Perspectives,Initiatives and Movements. In *Oxford Development Studies*. 1998(26); R.
Falk. *Predatory Glbobalization:A Critique*. Poilty Press,1999;R. Falk, Global Civil Society and the
Democratic Prospect. In B. Holden(ed.). *Global Democracy:Key Debates*. Routledge, 2000;R. Falk.
Resisting 'Globalization from Above' through 'Globalization from Below'. In B. K. Gills (ed.).
Globalization and the Politics of Resistance. Macmillan, 2000; J. D. Clark. *Worlds Apart:Civil
Society and the Battle for Ethical Globalization*. Earthscan, 2003; J. Brecher, T. Costello, B. Smith.
Globalization from Below:the Power of Solidarity. South End Press, 2000.
② 阿利克斯·卡利尼科斯:《反资本主义宣言》,上海世纪出版集团 2005 年版,第 4—5 页。
③ M. Kaldor, H. Anheier, M. Glasius(eds.). *Global Civil Society* 2003. p. 22.

社会运动、跨国公共领域的活动及影响。① (2)从全球化和全球治理的角度进行研究。主要关注全球公民社会的各组成部分在反抗全球不公正远程的表现及作用,以及全球公民社会之于全球治理的作用和意义。② (3)从国际关系的角度进行研究。主要探讨全球公民社会的兴起和发展如何挑战当前的国际关系及国际关系理论,以及在全球公民社会的影响下,国际关系实践及理论的走向问题。③ (4)从政治学和政治哲学的角度进行研究。主要考察全球公民社会概念的形成和扩展,它对现实民族国家和国际政治的影响,对传统政治概念的挑战,以及与未来的全球秩序之间的关系。④ 当然,在通常的研究中,这四个领域是交叉存在的。

在方法论上,对全球公民社会的研究可以分为描述性研究、规范性研究和分析性研究三大类,其中分析性研究是贯穿于描述性与规范性研究之中的,与前两者不可分离。从西方的著述来看,大多数著述偏向于用描述性方法和分析性方法探讨全球公民社会对现实政治的影响,尤其关注个案;而采用规范的方法研究"全球公民社会是好的还是坏的以及为什么、理想的全球公民社会是什么和何以可能"等问题的著述并不多见。

---

① 如 D. Feakes. Global Civil Society and Biological and Chemical Weapons. In *Global Civil Soceity* 2003;莱特斯·M. 萨拉蒙:《全球公民社会:非营利部门视界》,社会科学文献出版社 2002 年版。

② 如 P. Wapner. *Environmental Activism and World Civil Politics*. City Univers ty of New York Press,1996; R. Falk. *On Humane Governance*. Penn State University Press,1995; C. R. Young (ed.). *Global Governance:Drawing Insights from the Environmental Experience*. MIT Press, 1997; P. Waterman. *Glbalization,Social Movements, and the New Internationalism*. Continuum, 2001; J. Smith, C. Chatfield, R. Pagnuccl (eds.). *Transnational Social Movements and Globa! Politics:Solidarity beyond the State*. Syracuse University Press, 1997; R. Cohen, S. Rai. *Global Social Movements*. The Sthlone Press, 2000.

③ D. Chandler. *Constructing Global Civil Society:Morality and Power in International Relations*. Palgrave, 2004;A. Colás. *International Civil Society:Social Movements in World Politics*. Polity Press, 2002.

④ M. Kaldor. *Global Civil Society:an Answer to War*;J. Keane. *Global Civil Society?*; G. Baker. *Civil Society and Democratic Theory:Alternative Voice*. Routledge, 2002; G. Baker, D. Chandler. *Global Civil Society:Contested Futures*. Routledge, 2005; R. Taylor. *Creating a Better World:Interpreting Global Civil Society*. Kumarian, 2004; D. Chandler. *Consturcting Global Civil Society:Morality and Power in International Relations*; R. Youngs. *International democracy and the West:the Role of Governments, Civil Society and Multinational Business*. Oxford University Press, 2004; A. Florini. *The Coming Democracy:New Rules for Running a New World*, Island Press, 2003; J. A. Scholte. Global Civil Society. In M. Woods (ed.). *The Political Economy of Globalization*. Macmillan, 2000.

　　具体到全球公民社会的理论模式上,卡尔多等人曾提出全球公民社会的四种表现类型,可以看作对应的理论研究范式。(1)新公共管理的类型。公民社会被看作是加强国家和国际政府组织决策的辅助者,这在实行市场经济的发达国家中已是福利政策的一个部分。新公共管理的类型质疑国家在提供公共物品和服务的能力,认为非政府组织具有效率上的优先性。在这种分析类型中,全球公民社会的主要行为者就是专业性的组织,即 NGOs 及 INGOs。根据许多学者的研究,1990 年代 NGO 和 INGO 增长最快的领域正是服务提供的领域。该分析方法体现了在国家主义和自由主义之间寻找平衡点的思想,体现了 20 世纪末期西方社会的政治发展动向。(2)合作主义的类型。合作主义体现了企业不断进入地方的和全球的公民社会,NGO 及 IGNO 与企业的合作不断增加的现状。合作主义扩展了企业的社会责任,使国家没能解决的广泛社会问题获得了合作解决的可能性。(3)社会资本或自组织的类型。这种思想认为互惠规则根植于公民结社的跨国网络,因此,最重要的是在跨国共同体中通过跨边界的自组织创造社会和谐。参与自愿组织、社会运动都将为在思想相似的个体中建设信任创造更大的机会,而这也将扩展到政治和企业领域。该思想强调公民社会创造资本,社会资本既有利于社会也有利于经济发展;而跨国社会资本则既有利于政治稳定也有利于国际事务的处理。(4)激进主义的类型。这种类型的主要行为者是社会运动、跨国公民网络和社会论坛。它们是不满、挑战和革新的源泉,是政府和公司部门的反对力量;它们履行监督社会、文化和政治的功能,使市场和国家处于检查之中;它们促进并反映了分化、多元主义和现代社会的流动性。

　　在四种类型中,前两种类型集中反映了"自上的全球化"的研究视角,它们主导了全球公民社会近十年的研究,并且提供了全球公民社会研究的基本构架;而后两种类型则代表了"自下的全球化"的视角,它们在近年来影响甚大,希望为全球公民社会提供动员的力量和议程设置的成分。①

　　然而,约翰·伊德和达伦·拜恩却认为,在近年来众多的对全球公民社会的研究中,领导性的理论是理查德德·福克开创的传统。在一系列的重要出版物中,福克及其同事勾画了"自下的全球化"的构架,形成了全球公民社

---

　　① 　M. Kaldor. *Global Civil Society: An Answer to War*. pp. 8-10.

会研究的激进民主主义的传统。① 根据贝克尔的理解,福克确实代表着全球公民社会的一种主要研究模式,他称之为草根民主模式。该民主模式的代表人除了福克以外,还有韦普纳和沃尔克等人。② 草根民主关注初生的全球公民社会本身,关注"自下"的世界民主的可能性,通过超国家运作的社会运动,如人权、环境运动进行道德呼吁。这种全球公民社会的模式主要关注外在于国家和国际法的政治行动方式及组织运作方式。并且,这种模式对以赫尔德为代表的"世界主义民主"提出了疑问。在赫尔德的理论中,全球公民社会并不是世界主义民主的必要构成条件,全球民主治理离开公民社会同样能够形成。因而,世界主义民主是一种从全球政治的完全倒退,其证明就在于它追求一种非双层的公民身份,追求一种作为人这一物种的道德义务。这种追求的内涵是政治中心主义的。尽管赫尔德等人想超越国家主权,但在其理论中,国家仍是实现其建议的唯一行动者。因为他们的理想秩序的建立依赖于政治共同体建立一个联合的规则体系。而沃尔克则认为,对政治作非国家主义的定义才是全球公民社会兴起的原因。全球公民社会是一种超越主权国家的政治生活。福克认为,GCS 是"自下的全球化",而非由世界性的规范网络(由资本——新自由主义控制,由精英实施的)主导的"自上的全球化"。与世界主义民主强调全球自由民主的法制框架不同,草根世界民主更强调全球伦理的确立。

贝克尔还归纳了与草根主义相并列的另外两种全球公民社会的研究模式。第一种即草根民主所批判的世界主义民主模式。该模式认为市民社会提供了一种公共领域,这为全球治理中的主权分散提供了基础,产生了对治理所需要的制度化权力的批判资源,在地方水平上为志愿组织提供了机会。在世界主义民主模式中,公民社会非自愿受制于世界主义民主法的广泛框架,该民主法限制了在国家和公民组织中个人和集体行为的方式和范围。为使该法具有合法性和权威,世界性的主权组织只是需要的,同时受制于法,尤

① J. Eade, D. J. O'Byrne(eds.). *Global Ethics and Civil Society*. Ashgate, 2005. 同时参见 R. Falk. *On Humane Governance*;R. Falk. *Global Civil Society:Perspectives,Initiatives and Movements*;R. Falk. *Predatory Glboalization:A Critique*;R. Falk, Global Civil Society and the Democratic Prospect, in *Global Democracy:Key Debates*;R. Falk. *Resisting Globalization from Above through Globalization from Below*;J. Brecher, J. B. Childs, J. Culter (eds.). *Global Visions:Beyond the New World Order*;J. Brecher,T. Costello,B. Smith. *Globalization from Below:the Power of Solidarity*.

② R. B. J. Walker. Social Movements, World Politics. In Millennium:Journals of International Studies,1994,23(3);P. Wapner. *Environmental Activism and World Civil Politics*.

其受制于主权分散原则,同时保证一批有代表性的全球组织的存在。因此,世界主义民主的形成需要民主的双边(国家和公民社会的)进程。该模式视全球公民社会为民主的全球治理机构之一,它既是主体也是客体。世界主义民主不改变当前的国际组织,全球公民社会参与决策,只是建议而非执行。因此,世界主义民主模式并没有将全球公民社会看作后主权时代的积极行为者。第三种全球公民社会的模式是新葛兰西理论,其代表人物是罗伯特·考克斯。[①] 新葛兰西理论认为全球公民社会是一种全球权力的结合,它既是全球资本霸权体系,同时也是反霸权的场所。因为资本霸权正在全球化,因此必须使公民社会的联合全球化。全球公民社会的目标是全球行动有效地挑战和重构国家系统的权威。

另有学者将全球公民社会的研究阵营划分为自由民主的和激进民主主义的两大类,其中上文提到的草根主义和新葛兰西主义都属于后者,除此之外,还包括认为全球公民社会代表一种激进的、解放政治的卡尔多,认为全球公民社会意味着民主未来的基恩,以及认为全球公民社会代表一种全球伦理可能性的克拉克等人。而主张世界主义民主的赫尔德及集中于 NGO 研究的萨拉蒙等人则更倾向于用一种自由民主的政治观点来分析全球公民社会。[②]

四、全球公民社会的规范性研究框架

全球公民社会的实践和理论之所以在世纪末引起中西学者的极大关注,最关键的原因在于它的存在和发展意味着必须对传统政治概念做出再思考。对此,几乎所有的研究文献,包括针对具体问题领域的论著,都作出了自己的回答。比如,贝克尔和坎德勒认为,全球公民社会所代表的无非是对未来世界政治的勾画,其中国家不再独占主权的位置,而这种地位是欧洲的威斯特伐利亚条约(The Treaty of Westphalia in Europe,1648)赋予的,随后在全球得到实现。因此,全球公民社会正在变革着我们对传统主权及相关概念的认

---

①　R. Cox. Gramsci, Hegemony and International Relations: an Essay in Method. In *Millennium: Journals of International Studies*,1983,12(2); R. Cox. Civil Society at the Turn of the Millennium: Prospect for an Alternative World Order. In *Review of International Studies*, 1999,25.

②　R. Munck. Global Civil Society: Myths and Prospects. In R. Taylor (ed.). *Creating a Better World: Interpreting Global Civil Society*. Kumarian, 2004.

识。表现在学术研究上,研究者们尤其关注两大问题,一是全球公民社会所造成的民族国家的"公民身份"与新的道德和政治共同体身份之间的断裂,二是将全球公民行动者看作世界伦理行动的来源及其与作为激进政治变革的策略性基础的传统国家政治之间的断裂。①

贝克尔等归纳出的全球公民社会规范研究的主题获得了普遍的认可Randall 在相似的意义上指出,全球公民社会的规范性研究主要集中于三个领域:一是全球公民社会对政治共同体的影响;二是它与公民身份的关系;三是作为权力关系、不平等和关键的社会斗争展开的场所,全球公民社会所具有的意义②。这三个领域研究的落脚点是:全球公民社会如何改变着全球秩序? 广泛的研究资料表明,全球公民社会与主权国家的关系及对政治概念影响、全球公民社会与全球公民身份及全球伦理的关系、全球公民社会之于全球民主秩序的意义正是近十年来这一研究领域的主题词。

(1)全球公民社会与主权国家的关系及对政治概念的影响。对这一问题的讨论散见于全球公民社会的各种研究范式。比如卡尔多分析了冷战后兴起的全球公民社会开创了超越主权国家活动的空间;基恩将全球公民社会定义为跨越边界的自组织活动;利普舒兹和福格(Fogel)认为国际规制领域私人权威正在出现,而全球公民社会是私人权威的一大拥有者;③罗西瑙等人看到以全球公民社会为核心的非国家行为体对国家主权的挑战等等,并据此提出了"无政府的治理"这一新概念等等。④ 从总体上看,认为全球公民社会的存在和发展削弱或限制了国家主权、挑战着主权国家的内外治理能力的观点在全球公民社会研究占据主流。并且,一些学者拓展这种认识,得出了全球公民社会正在履行去政治化功能的结论。比如,哈特和内格里(2003)认为,全球公民社会代表着一种对民族国家政治的进步转换。坎德勒(2004)提出,全球公民社会进入国际关系领域代表着一种原先被国际关系所抛弃的道德概念重新返回了,政治和道德之间的关系必须重新定位;卡尔多(2003)认为,全

① G. Baker, D. Chandler. *Global Civil Society*: *Contested Futures*. Routledge, 2005. pp. 1-3.

② R. D. Germain, M. Kenny (eds.). *The Idea of Global Civil Society*: *Politics and Ethics in a Globalizing Era*. Routledge, 2005.

③ R. D. Lipschutz, C. Fogel. Regulation for the Rest of Us? Global Civil Society and the Privatization of Transnational Regulation. In R. B. Hall, T. J. Biersteker(eds.). *The Emergence of Private Authority in Global Governance*. Cambridge university press,2002.

④ 詹姆斯·N. 罗西瑙:《没有政府的治理》,江西人民出版社 2001 年版;戴维·赫尔德、詹姆斯·N. 罗西瑙等着:《国将不国》,江西人民出版社 2004 年版。

球公民社会是实现政治解放的领域,其中个体的权利将获得真正的实现。

与这些乐观主义者相比,一些学者在对待全球公民社会与主权国家和政治的问题上较为慎重。比如,在全球治理理论者对主权国家的分析中,他们也强调国家在当前形势下的变化,但对主权和政治持一种积极和肯定的态度,未曾动摇过主权国家在全球治理中的核心地位;以非政府组织为研究主题的学者们也从一系列数据中看到了非政府组织对主权国家的强大依赖性。

弗洛里尼总结说,在对待国家的态度上存在两个极端,一种态度认为在全球化进程中主权国家的地位没有发生什么变化,它的权力仍是主导性的和绝对的;另一种态度认为在全球化进程中主权国家的方方面面都发生了变化,它的权威正在被削弱。这两种观点都不尽合理,我们所应认识的是,"统治了几个世纪的国家系统既不是庄严地命定的,也不会轻易被消除。但是,它正在变化,最引人注目的变化与跨国公民社会(TCS)相关"。[①]

(2)全球公民社会与公民身份、全球伦理的关系。对公民身份和全球伦理的讨论是在全球化和全球治理的浪潮中复兴的。但是,自90年代中后期全球公民社会的概念被提出,这一讨论的空间获得了空前的拓展。[②] 一般认为,公民身份与现代的民族国家相对应,而全球公民身份则与后现代的全球公民社会相对应,公民身份的变化所挑战的是主权国家的概念。许多学者认为,公民身份是一种主观政治建构的结果,它基于多种不同的作用和界定。[③] 因此,在全球化进程中,建构一种全球公民身份是可能的,它并不必要排除传统的地方的和国家的身份认同,可以采取复合认同的形式[④],或者建立一种新形式的文化意义上的认同(与政治认同并不冲突)。与此相对应,全球伦理的实现也不再是一个神话。克拉克认为,全球公民运动现在正在经历发展的第三

① A. Florini. Transnational Civil Society. In M. Edwards, J. Gaventa(eds.). *Global Citizen Action*. Earthscan publication Ltd, 2001. pp. 29-30.

② N. Dower, J. Williams(eds.). *Global Citizenship:a Critical Reader*. Edinburgh University Press, 2002; R. Bhargava, H. Reifeld(eds.). *Civil Society, Public Sphere and Citizenship:Dialogues and Perceptions*. SAGE Publications,2005; D. B. Heater. *World Citizenship:Cosmopolitan Thinking and Its Opponents*. Continuum, 2002; R. Münch. *Nation and Citizenship in the Global Age:from National to Transnational Ties and Identities*. Palgrave, 2001.

③ D. J. O'Byrne. *The Dimensions of Global Citizenship:Political Identity beyond the Nation-State*. Frank Cass,2003;菲利克斯·格罗斯:《公民与国家:民族、部族和族属身份》,新华出版社 2003年版。

④ 戴维·赫尔德:《治理全球化:权力权威全球治理》,社会科学文献出版社 2004 年版,第22—23 页。

个阶段，即伦理全球化的阶段。日益全球化的公民行动需要全球伦理作为指导，以克服内在的局限性和张力，同时，全球公民行动也是推动伦理全球化的重要力量。① 道尔(Dower)在讨论全球伦理和全球公民身份问题时，以国际非政府组织和全球社会运动作为已出现的全球公民行为的实例，在分析全球伦理可能实现的基础时，尤其重视全球公民社会的意义。

（3）全球公民社会与全球民主秩序的关系。许多学者重视全球公民社会的讨论，是因为他们相信这种新型的社会结合方式能够弥补民族国家内部和国际领域中存在的民主赤字。比如，吉登斯和哈贝马斯都认为世界性的公民社会将承接民族国家向上转移的许多功能；赫尔德对民主的全球治理充满热望，为实现这一目标，他高度重视全球公民社会的建设。不但如此，一些学者还将全球公民社会看作是建设一种新型全球民主秩序的希望所在。扬指出，非政府组织一方面燃起了草根民主的希望，一方面，它们又将自己与国际民主相联。国际非政府组织不单纯关注持久的人权运动，它们更多的以保证国际规制内关系的民主化为目标，它们通常将目标自我定义为：提高利益相关者的声音。它们宣称自己远非被国内民主所鼓舞，而是为在国际规制中实现"世界主义民主"的要求所激励。②

从总体上看，对全球公民社会与全球民主秩序的研究主要涉及以下几方面内容：一是对全球公民社会与民主的全球治理之间关系的研究。赫尔德等人主要从全球治理和"世界主义民主"的角度来讨论全球公民社会，将全球公民社会纳入全球治理和"世界主义民主"的体系。罗西瑙提出了"没有政府的治理"的概念，强调加强社会力量的建设将极大推进全球秩序的民主化。哈特和内格里则提出了"帝国"理论，认为全球公民社会的作用正在于它是帝国民主制借以实现的载体，与其他的力量一起共同支撑着帝国主权。③ 修尔待进一步探讨了跨国公民社会(TCS)与全球治理的输入合法性—责任性之间的

---

① J. D. Clark. Ethical Globalization: the Dilemmas and Challenges of Internationalizing Civil Socity. In M. Edwards, J. Gaventa(eds.). *Global Citizen Action*. Earthscan Publication Ltd,2001. p. 18.

② R. Youngs. *International Democracy and the West: the Role of Governments, Civil Society and Multinational Business*, Oxford University Press,2004. pp. 161-162.

③ 戴维·赫尔德:《民主与全球秩序:从现代国家到世界主义治理》,上海人民出版社,2003 年版;詹姆斯·N. 罗西瑙:《没有政府的治理》,江西人民出版社 2001 年版;迈克尔·哈特、安东尼·内格里:《帝国——全球化的政治秩序》,江苏人民出版社 2003 年版。

关系,并指出了跨国公民社会在提高全球治理责任性的过程中可能遇到的挑战。[①] 二是对草根民主或"自下的全球化"的研究。韦普纳结合案例研究提出了"世界公民政治"的概念;福克将针对资本主导的全球化的反对运动称为"自下的全球化",认为它代表着一种草根民主的希望;克拉克提出了"伦理的全球化"概念,认为它是一个由全球公民运动推动的过程。三是对全球公共领域的研究。马登使用阿伦特和哈贝马斯意义上的公共领域概念来分析全球化进程中的全球公民领域的建构,他指出,全球公民社会扩展了政治参与的概念,创造了公共领域的新形式。[②] 南兹和史蒂弗克提出,全球治理的合法性最终要建立在一个适当的公共领域的基础之上,有组织的公民社会在创造公共领域上发挥着重要的作用。[③]

在上述各方面的研究中,许多学者看到了全球公民社会自身的民主化问题并且积极面对这一问题。全球公民社会内部组织和行为的合法性、责任性和透明性需要迫切提高是一个基本共识。比如,弗洛里尼认为,跨国公民社会或国际公民社会(TCS/ICS)代表着全球的未来,但它要超越单纯倡议者的形象,就必须是负责任的,而首要的是增加透明性。[④] 劳伦斯·汉密尔顿则进一步指出,必须追问公民社会中的各种需求是如何形成的。他认为,特定的体制造就了特别的需要,因此,民主化的第一任务是重建需要和权利体系。[⑤]

五、当前我国学术界的全球公民社会研究

在汉语著述中,以"全球公民社会"或"全球市民社会"为题名或关键词的文章主要有杨友孙和胡淑慧的《全球化与全球市民社会的兴起》、胡学雷的

---

① J. A. Scholte. Civil Society and Democratically Accountable Global Governance. In D. Held, M. Koening-Archibugi(eds.). *Global Governance and Public Accountability*. Blackwell, 2005.

② P. Marden. *The Decline of Politics: Governance, Globalization and the Public Sphere*. Ashgate, 2003.

③ See P. Nanz, J. Steffek. Global Governance, Participation and the Public Sphere. In *Global Governance and Public Accountability*.

④ A. Florin. *Transnational Civil Society*. p. 29; A. Florini. *The Coming Democracy: New Rules for Running a New World*, p. 142.

⑤ L. Hamilton. Civil Society: Critique and Alternative. In G. Laxer, S. Halperin(eds.). *Global Civil Society and Its Limits*. Palgrave Macmillan, 2003.

《全球市民社会与国家：一种功能分析》；刘贞晔的《国际政治视野中的全球市民社会：概念、特征和主要活动内容》、蔡拓和刘贞晔的《全球市民社会与当代国际关系(上、下)》、何增科的《全球公民社会引论》、袁祖社的《"全球公民社会"的生成及文化意义》、庞金友的《希望还是偶像：全球化视野中的公民社会与民主化》，以及郁建兴等的《全球公民社会：一个概念性考察》和赵可金的《全球公民社会与民族国家》等。另外，蔡拓等人在全球治理的研究文章中重点论及全球公民社会。①

其中，杨友孙和胡淑慧的文章指出，世界经济一体化、国际政治民主化、全球市民社会的兴起是全球化的三个主要方面和主要过程。胡学雷的文章认为，国家在市民社会、国家和国际社会三个层次上均对"全球市民社会"起着制约作用。刘贞晔的文章从国际关系的角度来考察全球市民社会，文章提出，以非政府组织为主要活动主体、公益政治性、网络化和公共行动领域是全球市民社会的主要特征。全球市民社会对推动国际政治朝着整体化、民主化的方向发展及赋予国际政治以伦理价值约束具有重要作用。何增科的文章考察了全球公民社会的兴起及其原因，全球公民社会的主要活动、资金来源、组织结构和治理方式及其在促进治理、善治和全球民主治理中的作用，还就全球公民社会的局限性和制约因素作了简单的分析。郁建兴等的文章考察了全球公民社会的概念性特征，分析了全球公民社会与公民社会、全球公民社会与主权国家、全球公民社会与民主的关系。作者认为全球公民社会是新形势下"全球化"与"公民社会"的结合，是区别于公民社会的全新概念；全球公民社会在某种程度上依存于主权国家，另一方面它又不断地挑战着主权国家的概念；它既是全球治理的重要推动力，也是全球治理的重要主体之一；它

① 杨友孙和胡淑慧：《全球化与全球市民社会的兴起》，载《河南师范大学学报》2002年第6期；胡学雷，《全球市民社会与国家：一种功能分析》，载《欧洲》2002年第1期；刘贞晔《国际政治视野中的全球市民社会：概念、特征和主要活动内容》，载《欧洲研究》2002年第5期；蔡拓和刘贞晔《全球市民社会与当代国际关系(上、下)》，载《当代国际关系》2002年第12期、2003年第1；何增科《全球公民社会引论》，载李惠斌主编《全球化与公民社会》，广西师范大学出版社2003年版；袁祖社《'全球公民社会"的生成及文化意义》，载《北京大学学报》2004年第4期；庞金友《希望还是偶像：全球化视野中的公民社会与民主化》，载《宁波市委党校学报》2003年第6；郁建兴、周俊《全球公民社会：一个概念性考察》，载《文史哲》2005年第5期；郁建兴、浦文胜《全球公民社会话语的类型与模式》，载《思想战线》2008年第2期；赵可金《全球公民社会与民族国家》，上海三联书店2008年版。另有黎尔平《全球公民社会的理论与逻辑困境》，载《马克思主义与现实》2004年第3期；孙洁琬《关于全球公民社会的若干认知与思考》，载《外交学院学报》2004年第3期；郭道晖《公民权与全球公民社会的构建》，载《社会科学》2006年第6期；徐宇珊《霍普金斯全球公民社会指数(GCSI)述评》，载《学会》2006年第3期等。

蕴含着建立超越主权国家的全球民主秩序的希望,也存在着强化全球不平等的可能性。赵可金的著作在全球政治的范式下,较全面地分析了全球公民社会的起源和发展、结构和潜能。全球公民社会与民族国家的形式转型和制度创新,以及全球治理秩序的变迁等问题。

从研究现状来看,虽然我国已有学者分别从国际关系、政治学和政治哲学的角度关注全球公民社会,但在总体上,这一领域的研究力量还是比较薄弱,成果不足,与西方的研究相比,还存在较大的差距。

综上所述,在过去的十几年间,英语世界学者对全球公民社会的讨论已经由浅入深,达到了一个相对成熟的阶段。但是,正如弗洛里尼在 2001 年指出的,在对世界范围内的公民社会的研究中,大多数学者关注某一时期某一国的公民社会,或至多对公民社会进行跨国别的比较研究;很少有学者通过跨国公民社会网络的比较来分析这种跨国集体行动的力量和局限性,更少有学者通过更广泛范围内的事实和议题研究来探讨跨国公民社会应该做什么,它是否能够以及在什么情况下能够在形塑我们未来的决策过程中扮演关键角色。[①] 我们在前文中也指出,全球公民社会的规范性分析现在仍然比较薄弱,在全球公民社会与传统政治概念的关系、与未来全球秩序之间的关系问题上,虽然已有一些学者提出了看法,但远不充分。更为重要的是,虽然存在着学术上的争鸣,但西方学者对全球公民社会的规范性分析主要还是在自由民主的框架内做出来的,这对于深入理解全球公民社会之于人类社会发展的意义无疑还不充足。对全球公民社会的讨论应该可以更加多元化。

遗憾的是,我国学术界尚未承接起这种研究任务。我们对全球公民社会的深入研究和反思性批判还没有完全展开。因此,基于全球公民社会不断发展的现实,在借鉴和反思西方现有理论的前提下,展开与西方学者的对话,进一步探讨全球公民社会与近代以来的政治传统之间的关系,在目前不仅是可能的也是必要的。本书以后的章节将从全球公民社会的兴起出发,着重探讨全球公民社会与国家主权、公民社会以及与民主的关系,最后本书将尝试着对全球公民社会的发展趋势作一个简短的评论。

---

① A. Florini. Transnational Civil Society. In M. Edwards, J. Gaventa, Earthscan(eds.). *Global Citizen Action*. p. 30.

3 全球公民社会的兴起

随着新自由主义推动的全球化进程的加剧,根植于资本主义固有矛盾的现代性危机也蔓延全球。著名社会学家贝克和吉登斯都断言,我们生活在一个"全球风险社会"之中。虽然全球化问题重重,但更多的人以变革的态度乐观地看待这一进程,寄希望于一股来自公民社会的力量规制全球化的方向。这种对公民社会的信任既是对自上世纪七八十年代以来复兴的公民社会理论及实践的一种肯认,也是在全球化浪潮中对公民社会的一种全新理解。在"全球化"和"公民社会"的这种关系之中,全球公民社会这一新概念逐渐形成并发展起来。并且,无论是在发达国家还是在发展中国家,人们广泛谈论全球公民社会,更在于这一话语虽然诞生于"公民社会"与"全球化"话语的结合,但是它已超越两者,成为一个新的分析范式。本章拟从全球化这一问题出发,结合公民社会在本世纪中后期的复兴,对推动全球公民社会形成和发展的主要因素作出分析。

一、全球化、新自由主义与现代性

从某种意义上说,有关全球化的讨论是对过去几个世纪人类社会发展的总结,也是对未来人类命运的展望。因此,虽然"全球化"一词直到上世纪80年代后期才变得炙手可热,一些学者仍不忘将全球化的历史追溯到地理大发现的时代,或者拿欧洲帝国主义时期的国际贸易和投资、劳动力流动的统计数据来说明当前的经济依赖水平并不是空前的,经济整合的程度甚至没有超出19世纪晚期的水平。这种对全球化的怀疑态度无法被轻易否定,相对于早期时代来说,今天的世界到底在哪些方面是"新"的、质的变化和不连续性到底表现在哪里,这些确实需要更强有力的证据来说明。安东尼·吉登斯曾谈到,现在"全球化这一术语在全球传播着,这个事实本身恰好就证明了这个词所描述的变化。一些非常新的现象正在世界上出现。"他列举了四个方面的新现象,一是世界范围内的通讯革命;二是"无重量经济"即知识经济的到来;三是苏东的剧变;四是日常生活层次上的变迁。[①] 然而,威尔·赫顿却认为虽然不能否认当前的世界正在改变,但是所谓的"不连续性的变化"更多的是一种意识,是"认为目前的变化包罗万象、不可避免,认为这些变化的动力远远胜过其他力量,甚至胜过国家的力量"[②],是一种主观想象。吉登斯和赫顿的分歧是典型的,像存在于全球化问题上的众多分歧一样,在什么是全球化、它是否是一个新概念等问题上有着太多相去甚远的观点;但是,无论分歧多大,众多的观点拥有一个共同的基础,即承认我们正在经历一场历史性的变革。

因此,尽管对全球化的理解异彩纷呈,但是仍有一些概念能够引导我们的认识,它们不但尝试从现实和未来的角度对全球化作出经验性概括与描述,而且寻求对它进行理论化和制度化的诠释。比如,英国社会学家莱斯利·斯克莱尔提出,作为社会学中的一种新观念,全球化的中心特征在于,当代的许多问题都无法在民族国家的层次上,即从国际(国家间)关系的角度给予恰当的说明,而必须超越民族国家界限,从全球(跨国)过程的角度去加以研究,在社会学中至少出现了三种竞相媲美的全球化理论与研究模式,它们可以被简单地概括为:世界体系模式、文化全球化模式和全球体系模式。[③]《全球大变革》的作者戴维·赫尔德和安东尼·麦克格鲁等人在考察众多类型的全球化态度后提出,"全球化概念首先意味着社会、政治以及经济活动跨越了边界,因此世界上一个地区的事件、决定和活动能够对距离遥远的地方的个人和共同体产生影响……除此之外,全球化意味着跨边界联系不仅仅是偶然的或者随意的,而是有规则的,因此跨越了世界秩序中的选民社会和国家的相互联系、交往和流动的模式具有可以察觉到的强度,或者不断加强……"在这种理解之下,赫尔德等人将全球化界定为:"一个(或者一组)体现了社会关系和交易的空间组织变革的过程——可以根据它们的广度、强度、速度以及影响来加以衡量——产生了跨大陆或者区域间的流动以及活

　　① 安东尼·吉登斯、威尔·赫顿:《安东尼·吉登斯与威尔·赫顿对谈录》,载威尔·赫顿、安东尼·吉登斯编:《在边缘:全球资本主义生活》,上海三联书店2003年版,第7—8页。
　　② 安东尼·吉登斯、威尔·赫顿:《安东尼·吉登斯与威尔·赫顿对谈录》,第9页。
　　③ 莱斯利·斯克莱尔:《全球化社会学的基础》,载《社会学研究》1994年第2期。

动、交往以及权力实施的网络。"①全球化社会学的创始人乌利里希·贝克对全球化的定义更为全面和深刻。他提出,广义的全球化概念包括客观现实、主观战略与主客观相互作用的发展进程三个不同层次,他分别使用了全球性、全球主义和全球化三个不同概念,认为全球性主要是描述一种事实、全球主义主要是描述一种观念,以这两者为基础,全球化就是指"在经济、信息、生态、技术跨国文化冲突与市民社会的各种不同范畴内可以感受到的、人们的日常行动日益失去了国界的限制","它描述的是相应的一个发展进程,这种发展结果是民族国家与民族国家主权被跨国活动主体,被它们的权力机会、方针取向、认同与网络挖掉了基础"②。相比之下,安东尼·吉登斯的全球化概念更富影响力。吉登斯从制度转变的角度把全球化看作是现代性的各项制度向全球的扩展,认为全球化概念最好理解为表达时空距离的基本样态。他写道,全球化是指一个把世界性的社会关系强化的过程,并透过此过程而把原本彼此远离的地方连接起来,令地与地之间所发生的事也互为影响。全球化指涉的是在场(presence)与缺席(absence)的交叉,即把相距遥远的社会事件和社会关系与本土的具体环境交织起来,其目的就是考察它如何减少本地环境对人民生活的约束。③ 在吉登斯看来,全球化是与"时空延伸"、"地域变革"、"现代性制度转变"、"在场与缺席"等概念联系在一起的。

可见,整体意义上的全球化是一个立体的流变过程,它正"以一种非常深刻的方式重构我们的生活方式"。从政治上看,全球化是相互依存的增强,相对应地,民族国家的主权和行动自主性愈发成为有条件的了;从经济上看,全球化是经济要素跨越民族国家边界的流动,它直接指向全球经济一体化的目标;从文化上看,全球化体现了一种"空间压缩感",它意味着全球整体意识的不断增强。

考察我们所谈论的全球化,它虽然影响深广,但其历史并不久远。吉登斯曾说,"全球化是指1989年以后的世界",赫顿也同意苏联的解体"确实是一个显著的变化"。④ 尽管当代全球化的其他要素早在二战以后甚至更早时候

① 戴维·赫尔德和安东尼·麦克格鲁等:《全球大变革:全球化时代的政治、经济与文化》,社会科学文献出版社2001年版,第22页。

② 乌尔利希·贝克:《什么是全球化》,转引自张世鹏:《什么是全球化》,载《欧洲》2000年第1期,第28—29页。

③ 安东尼·吉登斯:《现代性的后果》,译林出版社2000年版,第56—57页。

④ 安东尼·吉登斯、威尔·赫顿:《安东尼·吉登斯与威尔·赫顿对谈录》,第8、18页。

就开始显露,但在东西方对立的背景下,"全球化"所要求的地域条件显然是无法满足的。1989 年与全球化的联系就在于共产主义的坍塌首先导致了全球地域分离状态的结束,进而导致了所有边界的迅速瓦解,无论是经济、政治还是社会边界。修尔特曾准确地使用"去领土化"(deterritorialization)一词来描述全球化运动的特征,认为当前全球关系是"超领土"(supraterritorial)、"超越边界"(transborder)或"遍及全球"(transworld)的。[①] 1989 年的意义正在于它是"去领土化"进程中的重要时刻,它不仅促成了冷战体系的崩溃,从此民族国家得以重获主权、重返国际社会,为全球化创造了前提;而且它本身即是一种"去领土化"的典范。

边界的开放使得"全球化"的因素得以释放。正如我们所看到的,研究者们在探讨东西方与全球化的关系时,大多习惯于将苏东的共产主义体制视作全球化的障碍。这种判断的预设无疑是,全球化的行进方向是自西向东的,这基本等同于将全球化看作是"美国化"、"欧洲化"或者"西化"。先不论为全球化贴上这些标签是否恰当,这种预设至少涉及了一个更为深层次的问题:即全球化的动力来自哪里,或者说到底是什么促成和推动着全球化进程? 这种动力是否存在一定的限度,如果存在,其限度又在哪里? 既然全球化既不能被看作是一个连续的过程,同样也不能被看作是一个全新的过程,对这个问题的回答就显得十分必要。

早在 19 世纪,马克思就提出了"历史向世界历史转变"的命题。在《德意志意识形态》一书中,马克思指出,由于资本主义生产方式的发展,"人们的世界历史性的而不是地域性的存在同时已经是经验的存在了",例如,"如果在英国发明了一种机器,它夺走了印度和中国的无数劳动者的饭碗,并引起这些国家的整个生存形式的改变,那么,这个发明便成为一个世界历史性的事实"。[②]《共产党宣言》描绘了随着资本主义生产方式的确立和发展,整个世界形成了相互联系的整体的生动画面:"不断扩大产品销路的需要,驱使资产阶级奔走于全球各地。它必须到处落户,到处开发,到处建立联系。资产阶级,由于开拓了世界市场,使一切国家的生产和消费都成为世界性的了……"[③]当今的全球化,未尝不可被看作是马克思时代就开始了的"世界历史"进程的延

---

① J. A. Scholter. Global Civil Society. In N. Woods (ed.), *The Political Economy of Globalization*. Macmillan,2000. pp.178-179.

② 《马克思恩格斯选集》第 1 卷,人民出版社 1995 版,第 86、88—89 页。

③ 同上,第 276 页。

续和加速化。事实上,在当代全球化研究中,许多学者正在运用马克思的这种分析方法来谈论全球化,结合新自由主义的全球实践活动,从资本扩张的角度来理解全球化。

比如,法国"马克思园地协会"主席科恩·赛阿直接从全球化角度对新自由主义做出界定。他指出,新自由主义是资本主义全球化意识形态的理论表现。西方学者博·斯特拉思认为,在90年代,"全球化"将80年代新自由主义的市场语言发展成为一个新的最重要的表述,取代了原来的进步、增长和福利这些表述,"全球化语言与80年代出现的新自由主义市场语言建立了联系并予以支持"[①]。我国学者周毅之也提出,"20世纪晚期的全球化走向在极广的层面上,实际采用了新自由主义意识形态,追逐全球商业利润的力量以极大的攻势夺取或限制政府提供公共服务的能力,推进政府管理的'空心化',并通过传播媒体引发公民对政府公共服务的失望心理,甚至在发展中国家通过种种诱导使一部分社会力量的利益预期转向国际资本体系。"[②]。越来越多的学者倾向于承认,"当代全球化或者说全球经济进程的加快是与20世纪70年代以来世界资本主义的变革联系在一起的,它是撒切尔和里根为代表的新自由主义理论和政策推行的结果。"[③]在相关的论述中,美国当代著名马克思主义哲学家弗雷德里克·詹姆逊和英国思想家吉登斯的观点尤其值得关注。

詹姆逊明确将资本的扩张和资本主义的发展历史作为分析和探讨全球化问题的基础,突出了对全球化进行批判的马克思主义色彩。他指出,全球化的出现是一个客观事实,具有必然性和"不可避免性"。在他看来,当前的全球化主要有两个方面的动力:一是资本的全球运作。冷战结束以后,不同国家之间的交往日益增多,国家间不同集团的敌对关系被商业和金融关系所取代。金融资本在世界范围内的游走转移,增强了国际经济一体化的趋势,成为当今全球化浪潮中的重要动力。"资本的逻辑一般来说就是难以遏制的扩张的欲望,或是要求积累必须保持增长,这一要求不能被阻止、减速、停滞或革新,也不能对体系本身造成致命的危害。"[④]资本的这种本性在当代社会

---

① 博·斯特拉思:《国家及其批评:后现代的挑战是否存在?》,载昆廷·斯金纳、博·斯特拉思主编:《国家与公民:历史·理论·展望》,华东师范大学出版社2005年版。

② 周毅之:《全球化进程中的国家主权原则和公民与政府的合作关系》,载《国际政治》(人大复印资料)2002年第1期,第30页。

③ 郁建兴:《全球化:一个批评性考察》,浙江大学出版社2003年版,第14页。

④ 弗雷德里克·詹姆逊:《对作为哲学命题的全球化的思考》,詹姆逊等编《全球化的文化》,南京大学出版2002年版,第61页。

表现得更为明显,成为推动全球化进程的重要动力。二是信息时代的来临和高科技的冲击。尤其是当今世界科技革命的出现,为世界经济和文化的全球化,提供了有力的技术支撑。詹姆逊认为技术是创造新型商品的生产力,又是开拓新的世界空间的工具,它使地球"缩小",并把资本主义扩展到一种新的规模。此外,信息技术和现代通信技术的巨大进步,也为经济全球化提供了必要的条件。

吉登斯则从马克思对资本主义的扩张性中找到了理解当前全球化的关键维度。他认为,在马克思那里,资本主义被认为是一种含有比以前任何类型的生产秩序都具有更为巨大的动态扩张趋势的经济企业模式。资本主义的扩张性不仅仅是超越空间的扩张,而且表现为不断的技术创新和提高生产率的努力。① 从这一意义上看,资本主义从它产生之初就是国际性的,而全球化不过是资本主义的内在要求和表现形式。吉登斯推进这种理解,进一步提出,全球化是现代性的全球推进,是现代性的激进化和普遍化,而资本主义只是塑造现代性的力量之一。他认为,只有结合工业主义、监控制度和暴力的控制等其他三个维度,我们才能全面地理解现代性。这种看法在没有动摇现代性与资本主义关系的前提下,进一步细化了现代性的表现形式。具体而言,所谓工业主义,是指在利用非生命资源和机械手段的生产过程中所体现出来的社会关系形式。资本主义企业强烈的竞争性的扩张性是通过工业主义体现和实现的,没有工业主义制度下的技术创新,资本主义企业的扩张和全球化趋势必将受到极大的抵制。监控力量与"权威性资源"的集中相关,正是这种力量推动着现代民族国家的产生。通过民族国家的形式,资本得以在全球范围内流动,劳动得以通过国际分工在全球范围内重组,一国的力量得以充分地动员起来参与国际竞争,所有这些,都是现代性实现全球扩展的基本途径和重要方式。对暴力的控制既是"国内绥靖"的前提,又是推进资本不断向外扩张的条件,而暴力工具与工业主义之间的渗透所引起的"军事工业化"急剧地改变了战争的性质,促成有限战争向"总体战争"、局部战争向"世界大战"的转变,进而推动了现代性的全球扩张。② 全球化与现代性的关系不尽如此,更为重要的是,全球化进一步暴露和深化了现代性的危机并使之蔓

---

① 安东尼·吉登斯、克里斯多弗·皮尔森:《现代性:吉登斯访谈录》,新华出版社 2001 年版,第70—71 页。另见吉登斯:《民族—国家与暴力》,三联书店 1998 年版,第 1 页。

② 参见安东尼·吉登斯:《民族—国家与暴力》,第 2、14 页;及《现代性的后果》,第 50—53 页。

延全球,从而提出了现代性之作为全球化原始动力的限度问题。

关于现代性的理解,在吉登斯那里,它是指在"后封建时代的欧洲所建立、而在 20 世纪日常成为具有世界历史性影响的行为制度与模式。"[①]诚如吉登斯所言,现代性是作为欧洲启蒙时代的文化成就与精神产物而出现的,哈贝马斯也说,"18 世纪为启蒙哲学家们所系统阐述过的现代性方案含有他们按内在的逻辑发展客观科学、普遍化的道德与法律以及自律的艺术的努力。同时,这项方案亦有意将每一个领域的认知潜能从其外在形式中释放出来。启蒙哲学家力图利用这些特殊化的文化积累来丰富日常生活——也就是,来合理地组织日常的社会生活。"[②]关于现代性的哲学基础,英国学者柏林曾经简明地论述道,"整个启蒙运动中的纲领(尤其是在法国)是自觉地建立在牛顿的原理和方法的基础上的。并且从牛顿辉煌成就派生出启蒙运动的信心极其广泛的影响。这在后来转变为(的确,也大大创造了)西方现代文化。道德、政治、技术、历史、社会等等的某些中心概念和发展方向,没有哪一个思想和生活领域能够逃脱这种文化转变的影响。"[③]从这种意义上看,对建立在理性科学主义基础上的现代性的追求和实践,在启蒙运动之后便成为资本主义(相对于封建主义而非社会主义)不断前进的动力。正如马克斯·韦伯所言,无论资本主义的后果如何,它都应该被理解为社会理性化的必然过程。

对现代性的批判同样始于马克思,他曾指出,资本主义制度的建立未能兑现资产阶级许诺的启蒙理想,反而在资本主义私有制的"劳动异化"中出现了新的奴役、片面化及资本对人的统治,导致了"物质世界的增殖同人的世界的贬值成正比"。马克思对现代性的批判开启了以卢卡奇、葛兰西、萨特、弗洛姆、霍克海默、阿多尔诺、马尔库塞与哈贝马斯等为代表的西方马克思主义对现代性的社会批判理论。卢卡奇说,资本主义现代社会造成人的普遍"物化"与"异化";霍克海默说,资本主义社会日益成为一个压抑人性的"管制社会";马尔库塞说,现代性的异化导致了"单向度的人"与"单面社会";而集批判理论大成的哈贝马斯则说,"现代曾经从中获得自我意识和自己乌托邦期待的那些增强影响力的力量,事实上却使自主性变成了依赖性,使解放性变

① 安东尼·吉登斯:《现代性与自我认同》,三联书店 1998 年版,第 16 页。

② 尤尔根·哈贝马斯:《论现代性》,载王岳川、尚水编《后现代主义文化与美学》,北京大学出版社 1992 年版,第 17 页。

③ L.伯纳德·科恩:《科学革命史》,军事科学出版社 1992 年版,第 174 页。

成了压迫,使合理性变成了非理性。"①其他学者,如吉登斯、德里达和利奥塔等,也从不同视角表征了现代性发展的困境与危机。

伴随着全球化进程,根植于资本主义固有矛盾的现代性危机也蔓延全球,随之而来的,是一系列前所未有的后果。根据吉登斯的概括,现代性的全球危机至少体现在四个方面:第一,现代社会发展对世界生态体系造成了巨大的冲击;第二,大规模贫困的发展,世界人口的 1/4 以上生活在绝对贫困的条件下,不能正常地满足最基本的生存需要;第三,大规模破坏性武器的普遍存在以及集体暴力的可能性隐约可见的情况等;第四,对民主权利的大规模压制,"以及哪怕是自己一小部分潜能都无法开发的人数的增加"②。乌利里希·贝克将全球化时代的新现象归结为七种困境,即跨国的逃避力量、主权的困境、民主的困境、"专家治国主义"的困境——超越民族国家的治理、作为强权政治的世界主义伦理、文化全球化的矛盾心理、世界公民宣言。③ 而哈贝马斯则集中关注全球化对民族国家构成的巨大压力,他指出全球化使"民族国家"的概念变得陈旧过时、使民族国家主权不断萎缩和被架空、使社会福利国家妥协面临终结,以及使主权国家自主行使自己权力的能力日益丧失和削弱。④

现代性的全球危机无不表明,现代性的历史结果与作为价值理想的现代性正在背道而驰,全球化造就了一个"失控的世界"。吉登斯称我们是生活在一个现代性从简单阶段推进到一个反思现代性的新时期,其基本特征是"传统"的地位发生了根本性的变化。贝克则称我们处于一个自反性现代化的新阶段,它意味着有另一种现代性对工业社会首先进行抽离、接着重新进行嵌合。无论是反思的现代性还是自反性现代化,其根本的特征或者说共同的后果在于,"我们生活于其中的世界是一个可怕而危险的世界",即一个风险社会。"现在我们大家正在经历的全球性风险的巨大后果,是现代性脱离控制、难以驾驭的关键,而且,没有哪个具体的个人或团体能够对它们负责,或能够

---

① 尤尔根·哈贝马斯:《道德意识和交往行为》剑桥,政治出版社,1990。转引自汪行福《走出时代的困境:哈贝马斯对现代性的反思》,上海社科院出版社 2000 版,第 28 页。

② 参见安东尼·吉登斯:《超越左与右:激进政治的未来》,社会科学出版社 2000 年版,第 101—104 页。

③ 参见乌尔里希·贝克等著:《全球化与政治》,中央编译出版社 2000 年版,第 14—15 页。

④ 参见尤尔根·哈贝马斯:《超越民族国家:论经济全球化的后果问题》,载乌利里希·贝克等《全球化与政治》,第 71—90 页。

被要求'正确地安排'它们"。①

风险社会及全球风险社会的概念始于贝克,初期他主要从生态主义的视角提出了风险的特点:(1)风险造成的灾难不再局限在发生地而经常产生无法弥补的全球性破坏,因此风险计算中的经济赔偿无法实现;(2)风险的严重程度超出了预警检测和事后处理的能力;(3)由于风险发生的时空界限发生了变化,甚至无法确定,所以风险计算无法操作;(4)灾难性事件产生的结果多样,使得风险计算使用的计算程序、常规标准等无法把握。②"9·11"事件后,贝克指出,全球风险社会的新涵义依赖于这样一个事实,那就是运用我们的文明的决策,我们可以导致全球性后果,而这种全球性后果可以触发一系列问题和一连串的风险,这些问题和这些风险又与权威机构针对全球范围内的巨大灾难事例而构筑的那一成不变的语言及其做出的各种各样的承诺形成了强烈的反差(像切尔诺贝利事件和恐怖主义分子针对纽约和华盛顿而进行的袭击)。有三个层面的风险可能会在全球风险社会中得以确认,即生态危机、全球经济危机以及(自"9·11"事件以来)跨国恐怖主义网络所带来的危险。贝克写道:"尽管这三个层面的危险各不相同,呈现出很大的差异,可是这三个层面危险之存在的所有可能性在全球风险社会里提出了一个政治机遇与矛盾冲突的共同模式:在这样一个时代中人们普遍信仰神灵,阶级、国家、政府正在消失。危险的全球性特征已被人们认知并且得到广泛承认,这使得很多关系变得混乱不堪,在这些关系中,政治世界里的一些原本显然属于不可更改的永恒的东西突然间被融化了,并且变成了有延展性的柔韧的东西。然而,与此同时,新的冲突和新的政治选择却自发性地浮现出来了,并且再一次提出了为共同抵御人类风险必须将全球风险社会统一起来的问题:这些危险将怎样在各个单一国家与单一文化的历史不同步现象所带来的局限性中被一一化解。"③

风险社会理论对现代性无止境的征服欲望敲响了警钟,同时也指明了走出这种风险的可能性。吉登斯借用贝克的概念,指出,风险虽然带来了严重的后果,具有很强的负面意义,但是风险也有积极的一面,它在附带危险的时

---

① 安东尼·吉登斯:《现代性的后果》,第 115 页。

② 乌尔里希·贝克:《从工业社会到风险社会(上篇)》,载《马克思主义与现实》2003 年第 3 期,第 33 页。

③ 乌尔里希·贝克:《9·11 事件后的风险社会》,载《马克思主义与现实》2004 年第 2 期,第 72 页。

候,还预示着机会和希望。① 就意味着,"我们不能消极地对待风险。风险总是要规避的,但是积极的冒险精神正是一个充满活力的经济和充满创新的社会中最积极的因素。生活在全球化的时代里意味着我们要面对更多的各种各样的风险。我们在支持科学创新或者其他种类的变革中可能应该表现得更为积极些,而不能过于谨慎。"②贝克极其赞同吉登斯的这种理解,他认为,正在成为现实的全球金融风险的"社会爆炸""引发了一种暗中削弱科层制、向传统经济的统治地位和新自由主义挑战、并重新划定当代政治的边界和战场的文化和政治变化的动力"③。

积极应对由现代性推动的全球化所导致的后果严重的风险,而不是逃避甚至由此否定现代性,是贝克和吉登斯以及其他坚持现代性是一项"未竟事业"的学者们的共同态度。认识到这一点的重要意义在于,它使我们看到,在全球化的理论阵营中,除了欢呼我们正经历一个全新的历史时期的极端全球主义者以及认为目前的全球化还只是国际化的怀疑论者之外,一个辩证地看待全球化的改革论者阵营正因其理论上的全面性和深刻性而处于上升趋势。改革论者对全球化的理解为我们正确地对待这一历史进程提供了丰富了理论资源。至于改革论者在应对全球化风险问题上提出了何种建议和措施,以及这种建议和措施的合理性何在,这些问题将在下文中被论及。

二、公民社会的当代复兴

如何应对全球化所引致的种种问题是世纪末的主流话语。在政治哲学和政治学领域中,这一话语具体表现为,国家应该如何应对全球化的挑战,传统的国家模式是否应该被抛弃,新的方向又在哪里? 有意思的是,不同理论流派对此问题的回答不约而同地与公民社会这一概念相联系,这无疑助推了复兴后的公民社会理论的发展,进而推动了全球公民社会理论和实践的发展。

如果同意"全球化是指 1989 年以后的世界",那么,公民社会的复兴则早于全球化的兴起。在 20 世纪 70 年代,西方的一些左翼学者和东欧的激进学

---

① 安东尼·吉登斯:《风险社会的政治》,载《现代性:吉登斯访谈录》,第 193—194 页。
② 安东尼·吉登斯:《失控的世界》,江西人民出版社 2001 年版,第 32 页。
③ 乌尔里希·贝克:《世界风险社会》,南京大学出版社 2004 年版,第 10 页。

者就用来公民社会的概念和理论来批判现实社会与阐释理想社会。80 年代后,公民社会概念逐渐融入西方知识界的主流话语体系,关于公民社会的讨论日益增多。但是,与全球化一样,世界范围内的公民社会探讨热的出现仍然与 1989 这个年份相关。1989—1991 年的苏东剧变被一些公民社会论者认为是代表"社会"的力量对于代表"国家"的力量的胜利,这一判断迅速提升了东西方研究者对公民社会的兴趣,公民社会研究也开始从西方和苏东学术界扩散到世界其他地区。这些国家的学者纷纷用这一概念分析本国的历史和现实,以呼吁或促进本国公民社会的建构及公民社会与国家间关系的转型。

　　公民社会理论的复兴与现实社会的发展密不可分。在 20 世纪的许多时间里,自由主义的影响不大,许多人认为古典意义上的"市民社会"已经过时,即使在自由民主国家中,由于普遍实行福利体制,谈论独立于国家的市民社会已没有什么意义。[①] 但是随着西方福利体制弊端的日益显露以及古典自由主义的重新崛起、苏东极权主义灾难的深化以及社会力量的觉醒、后发展国家社会转型的迫切需要等等,市民社会被重新发现了。我国学者邓正来曾这样论述这种相关性,"主要是十九世纪与二十世纪之交初显并于二十世纪中叶炽盛的形形色色的'国家主义',这在现实世界中表征为国家以不同的形式、从不同的向度对市民社会的渗透或侵吞。为对此种猖獗的'国家主义'做出回应,人们开始诉诸市民社会理念,试图对国家与社会间极度的紧张做出检讨、批判和调整,以求透过对市民社会的重塑和捍卫来重构国家与社会间应有的良性关系"[②]。

　　然而,这还不是问题的全部。在西方国家中,公民社会不仅是对国家主义的回应,更是对资本主义社会结构转变、对工业主义、商业主义以及消费主义所造成的后果的回应。二战以后,西方社会出现了一个长达几十年的经济持续增长的繁荣期,逐渐迈向了后福特主义时代。在这种情况下,传统的工人阶级数量急剧下降,一个以服务业和知识业从业人员为主体的新"中间阶级"形成。这种社会结构的变化导致了西方的社会价值观由物质主义向后物质主义的转型,更多的人更加关注生活质量而非传统的安全和财富,一种所谓的"生活政治"悄然兴起。另外,工业主义的发展所促成的商业主义和消费

　　[①]　参见童世骏:《1989 年以后的欧洲人文思想》,载《欧洲》1995 年第 1—4 期。

　　[②]　邓正来、杰弗里·亚历山大主编:《国家与市民社会:一种社会理论的研究路径》(修订版),世纪出版集团、中央编译出版社 2006 年版,第 6 页。

主义的繁荣,使传统的私人领域日益受到控制和操纵,个人自主性下降,普遍
的要求个人自由的呼声再次在西方社会升起。由新中间阶级为主体的社会
力量发动的对资本主义的反思运动("新社会运动")无疑也是公民社会运动
的一种类型。甚至,与对国家主义的反对一起,它们体现了西方公民社会当
代复兴的更为深层次的涵义,即公民社会的复兴是对现代性危机的一种应对。

　　但正如邓正来等学者所揭示的,对国家主义的回应仍然是公民社会当代
复兴的最重要原因。因此,我们的考察从对西方社会对国家主义的批判开
始,经由对新社会运动兴起之于公民社会复兴意义的探讨,最后回到对非西
方社会反抗国家主义的批判性考察。之前,我们将国家主义定义为一个等同
于"国家干预主义"的概念,它是一个与自由放任主义相对应的概念,区别于
黑格尔视国家为"绝对精神"体现的"理想国家主义"。在西方自由主义传统
之中,国家与社会的关系大体上应如洛克和斯密所倡导的,国家来自于社会,
国家的职能应限于维护社会秩序,而社会拥有自主的经济和社会权利。与此
相对应,国家干预甚至侵吞社会领域、造成了国家与社会之间紧张关系的行
为便被视作"国家主义",它可以表现为西方式的福利体制,也可以表现为苏
东式的国家社会主义以及发展中国家的威权主义等多种形式。

　　战后西方对国家主义的批判始自著名的经济学家弗里德里希·冯·哈
耶克,早在1944年,他就写作了《通往奴役之路》一书。当时"计划经济"思潮
在西方呈现燎原之势,民族主义和极权主义在欧洲初露端倪,这使哈耶克看
到"文明"受到不可轻视的力量的威胁,而危险不纯粹在于某个政党取得胜
利,而在于一种观念的胜利。怀着这种深刻的忧患意识,哈耶克开始关注欧
洲政治现实,寻找打退极权观念、培植自由理念的途径。这一时期,不乏知名
人士响应哈耶克,比如美国的经济自由主义者米尔顿·弗里德曼。但由于战
后重建的需要,西欧和北欧国家选择了福利主义国家体制,而东欧国家在苏
联的影响下逐渐走上了极权主义的道路,哈耶克等人所倡导的新保守主义得
不到伸张。直到70年代经济危机爆发,福利体制的弊病显露,人们开始置疑
国家干预的合理性,以70年代末英国保守党东山再起、80年代美国里根政府
上台和科尔主政西德为标志,新自由主义才取得了官方意识形态的地位。

　　新自由主义的显着特征在于它坚持认为,"经济"作为生产、交换以及消
费等内在相关行为的一个整体,具有其自身内在的动力及自治的规则,因此,
经济领域应该是独立于政治领域的一种私人自治领域;"政治、权力或执政者

是实现人权保障的手段,他们的存在被认为只以满足目的为限"①,政治应以服务于公民社会的发展为要义。很显然,新自由主义旨在复归洛克和斯密的公民社会传统,以对经济与政治相分离的强调来维护国家与公民社会的分野。为实现此目的,新自由主义还发展了一系列的支撑理论,比如"国家无能论"或"国家失败论"、"公共选择理论"、"寻租理论"以及"新制度经济学"等等。随着全球化的推进,福利国家面临着更大的压力,这助长了主张国家对于经济社会放权的新自由主义势力。他们不但强调全球化改变了福利国家生存的外部环境,造成了对民族国家主权的侵蚀,而且强调那种在主权国家内部平衡贫富的社会契约形式也自然而然地受到了威胁,国家赖以调整经济、干预社会分配的能力也随之被削弱。在另一方面,他们尤其突出在全球化中成长起来的非国家行为体的作用,认为跨国公司、特殊利益集团、政府间组织、非政府间组织、市民社会这五颗新星正冉冉升起。②

如果将这些新的理论纳入到国家与社会关系的框架中来理解,我们能比较容易地做出这样的判断,即当代新自由主义对国家无能的论证、对国家干预主义的批判与古典自由主义对放任自由的论证一样,都是在宣扬作为经济社会的公民社会的自治性与自足性。他们毫无疑义地继承了早期自由主义者的经济独立思想,并且明显吸收了黑格尔关于政治国家与公民社会相互独立和各具自主性的观点。在另一方面,我们也看到,新自由主义虽然坚执市场至上的理念,它同样包含着些要求联结国家与公民社会的积极因素,一些学者甚至努力探索"能够为市场经济运作提供条件的国家模式"。这又使新自由主义区别于完全的自由放任和无政府主义。对此,有学者认为,新自由主义是对古典自由主义和凯恩斯主义的超越:

"凡是不抱偏见的人都能看出,新自由主义者对现实的经济过程和政治过程的认识并不是从凯恩斯主义后退,而是从那里前进。他开始弄清了市场失败和政府失败的真正原因,并把握了市场与政府间的结合部位,从而使二者相辅相成,各得其所。因此,新自由主义是一种比新古典学派和凯恩斯主义更优越的理论。凡是历史的真实的进步都有意无意地遵循着'否定之否定'的路径发展的,因此,否定之中就寓有否定对象的一切合理因素。"③

① 杉原泰雄:《宪法的历史》,社会科学文献出版社 2000 年版,第 23 页。
② 参见基蒙·瓦拉斯卡基思:《全球化大舞台上的新角色》,载《国外社会科学文摘》2000 年第 10 期。
③ 李任初:《新自由主义:宏观经济的蜕变》,商务印书馆 1991 年版,第 237—238 页。

　　这种判断无疑会受到众多人的反对,但反对并不能抹杀新自由主义试图实现微观经济基础和宏观经济目标之间平衡的努力。只不过,现在这种平衡主要不是依赖于国家对经济的直接干预,而应该依赖于公民社会自身的力量,反之,自由经济能够为独立于国家的公民社会社团的繁荣创造条件。戈兰·海登曾指出,当代关于公民社会争论中的"新自由主义学派",继承的是托马斯·潘恩的反国家主义传统,他的自由观认为只有在个人能够自由行使他们的天赋权利时,公民社会才能繁荣,为公民社会的形成提供机会的是市场而不是国家,因而,新自由主义学派特别强调结构改革对加强私人所有权的重要性。① 1989 年世界银行使用了"治理"的概念,其后,在一系列的会议和文件中明确了"以治理机制对付市场和(或)国家协调的失败"②的改革思路,从而确立了公民社会在现代市场经济建设中的基础性地位。据国内学者的研究,有效的治理(善治)实际上是国家的权力向社会的回归,它表示国家与社会或者说政府与公民之间的良好合作,公民社会是善治的基础,没有一个健全和发达的公民社会,就不可能有真正的善治。③ 新自由主义建设公民社会的战略和策略非常明确,在战略上,它们在国内及向全球推广治理理论,以"使社会组织在静态(权力结构)和动态(权力的生产和分配过程)两方面与政府组织分享权力"④的思想成为一种意识形态;而在策略上,它们不仅重视发挥私营部门的治理功能,而且重视非政府组织的建设并积极与其联合。在实际行为上,新自由主义成为推动公民社会发展的一支主要力量。

　　西方左翼理论家对福利体制的反思同样引人注目。哈贝马斯和奥弗的系统性危机理论紧扣资本主义的固有矛盾,对晚期资本主义的系统性危机做出了前所未有的深刻分析。在他们看来,晚期资本主义社会合法化危机的本质在于国家干预与社会民主的并行发展以及这一发展的异质性。这意味着,发展与民主这对催生了福利国家体制的矛盾仍是导致其危机的深层原因。随着资本主义社会大力倡导的经济全球化进程的加快,这一矛盾更现实地威

---

① 戈兰·海登:《公民社会、社会资本和发展:对一种复杂话语的剖析》,载何增科主编《公民社会与第三部门》,社会科学文献出版社 2000 年版,第 97、102 页。

② 鲍勃·杰索普:《治理的兴起及其失败的风险:以经济发展为例的论述》,载《国际社会科学》(中文版)1999 年第 2 期。

③ 俞可平:《引论:治理和善治》,载俞可平主编《治理与善治》,社会科学文献出版社 2000 年版,第 11 页。

④ 参见梅路西:《后工业民主的悖论:日常生活和社会运动》,河北人民出版社 1988 年版,第 29 页。

胁着福利国家的政治体制。哈贝马斯认为,一个不断深深陷入由世界经济和世界社会组成的相互依存关系中的国家在主权、行为能力和民主实质方面都遭到了损害,"国家陷入一种两难境地:面对财政预算的压力,加强对流动资产的调控和采取刺激增长的措施越发显得必要,然而在民族国家的边界内实现它们的可能性则越发微小。"①

如何克服这种危机?哈贝马斯认为,必须在两个方面做出努力:一是在福利国家体制下比较全面地推行福利和保障政策,调节式的国家可以一方面借助刺激增长的措施,另一方面借助社会福利政策,同时促进经济的活力,保障社会一体化;二是国家应尽可能地缩小对经济系统的干预范围,并使有限的国家行为建立在公共理性的基础上。前者是经济和社会政策上的,后者是政治和民主发展上的。无论是从系统危机理论,还是从福利国家批判理论来看,哈贝马斯关注的都是后者。他提出,晚期资本主义国家的重任在于重建批判的公共领域。

公共领域理论是自马克思以来的最具现代性的公民社会理论的核心内容,据哈贝马斯的研究,在自由资本主义时期曾经存在一种独立于国家与市场的公共领域,即一个就围绕着公共权力的商业政策进行讨论的批判空间。资产阶级公共领域在政治讨论方面集中表现为对政治原则和法治观念的探讨,公共领域的政治和法治要求,是力图把公共领域中表现为公共舆论的理性精神贯注到政策和法治中去。而在晚期资本主义"社会国家化"和"国家社会化"进程中,这一具有中立和独立性质的公共领域逐渐消失了。失去了批判精神的公民社会同时也使国家行为失去了公共理性的支撑,这无异于抽掉了统治的合法性基础。因此,重建国家的合法性就意味着重建具有批判精神的公民社会。而在全球化进程中,则应将国内的民主扩大到国际范围,借助各政治实体的公民社会和政治舆论,形成世界性的强制互助意识,也即在世界范围内建立批判性的公共领域和推进一个"世界公民社会"的产生。

哈贝马斯的公民社会理论不仅为福利国家的现实改制提供了可参考的意见,更为重要的是,在葛兰西之后,它将公民社会作了"私人领域"和"公共领域"的划分,进一步突出了它的文化和伦理意义,为其后美国学者柯亨和阿拉托明确提出国家—经济—公民社会的三分法奠定了基础,从而极有力地推

---

① 尤尔根·哈贝马斯:《在全球化压力下的欧洲民族国家》,载《复旦学报》2001年第2期,第115—116页。

动了当代公民社会理论研究范式的转型,又转而推动了公民社会实践的新发展。

　　具体来说,公民社会的三分理论认为公民社会主要是由生活世界的机构或制度组成的,是介于经济和国家之间的社会相互作用的领域,由私人的领域、团体的领域、社会运动及大众沟通形式组成。按照柯亨和阿拉托的观点,以家庭为特征的私人领域乃是个人自我发展和道德选择的领域,不应受到外界干扰。非正式性团体和自愿性社团以及文化机构和大众传播媒介构成了现代公民社会的公共领域,它们不同于经济社会和政治社会的组织,后者以追求金钱和权力为目的,前者的目的在于进行规范性的整合和开放的交往。社会运动则是以捍卫私人领域和公共领域自主发展的合法权利不受经济系统和国家的侵犯为目标的。柯亨和阿拉托认为政治国家和市民社会的二分法已经过时,因为经济系统已从市民社会中分离出去,构成了一个独立的领域,现在应该从"以国家为中心"和"以经济为中心"的研究模式转向"以社会为中心"的研究模式。他们指出,解决当代资本主义国家存在的种种问题的希望在于公民社会的重建,实现现代乌托邦理想——保障个人的基本权利,实现民主、自由、平等、团结和公正的理想的希望也在于此。

　　三分法提出之后,许多学者在讨论公民社会的时候不再将市场纳入其中,但一些学者却激烈地反对这种做法,这引起了广泛的争论,遂成为复兴后的公民社会的一大特点。新自由主义自然无法放弃经济领域在公民社会中的核心地位,否则其公民社会的理论大厦将会完全坍塌,后自由主义者约翰·格雷一再强调经济自由和人身自由是公民社会的两大本质特征:"法治之下的私有财产和契约自由的自主建制,允许各种各样的价值观和世界观的人们和平相处"。[1] 在他看来,与自由民主制度相联系的市民社会并非唯一的市民社会形式。东亚地区如台湾、韩国、新加坡和香港的市民社会就是专制主义的。在这些社会中,一方面经济自由和人身自由受到严格保护,另一方面政治民主和自由民主受到很多限制。从历史上讲,这种同专制制度或有限的自由民主制度相连的市民社会反而占多数。例如俾斯麦的普鲁士、辉格党的英格兰。因此,对于在西方和东欧占主导地位的对 1989 年的解释,格雷说他只赞成一半,即认为 1989 年的积极意义仅在于它是市民社会对于全权主义的胜利,而不是西方式的自由民主的胜利,换句话说,1989 年只是一般意义上的

---

　　① 　J. Gray. *Post Literalism*: *Studies in Political Thought*. Routledge, 1993. p. 205.

市民社会的胜利,而不是一种特殊形式的市民社会对于全权主义的胜利。

对于西方式的自由民主,格雷持激烈的批判态度。在他看来,西方的自由生活变成了为争夺国家掌握的资源的战场:过于重视平等,团体权利和对少数群体的照顾,妨碍了司法自由、机会均等这些社会的基本条件。相对于早期西方的市民社会而言,当前的自由生活反而是一种倒退。因比,格雷建议东欧应当学习以前的西方,在专制主义下建立市民社会,而不是学习现在的西方,让市民社会生活在大众民主造成的混乱中。在继续进行私有化和建立真正的法制的同时,这些国家的当务之急是建立那些限制民主而不是高扬民主的建制。① 乍看来,格雷所提倡的专制与市民社会的发展格格不入,然而,这却正体现了格雷的自由公民社会的激进理想。在他的理解中,既然大众民主无力保障市民社会中经济自由和契约自由的实现,那么就只能依赖于强制性的外力。但与孟德斯鸠和托克维尔寄希望于自治团体发挥对公民社会的规范理解不同,格雷将更大的希望寄托在国家身上,这体现的正是黑格尔的国家主义传统。在复兴的公民社会理论中,格雷的观点尤其值得思考。

在左翼阵营中同样存在反对公民社会三分法的力量,其代表人物是约翰·基恩。基恩认为,"一种社会主义市民社会的理论……必须更多地考虑它在生产、交换和消费方面的主要的组织原则。"②基恩将市场看作公民社会的力量之源,剥夺了财富来源的市民社会实际上丧失了捍卫和扩大其权力的物质基础。从一个简单的事实来看,工人运动的可能性就寓于一定的经济能力。另外,经济领域也是市民社会得以对抗国家的力量之源,如果没有经济前提,行动者不可能发挥社会功能,慈善团体、工会、专业性的组织和工人联合会等都无法建立。总之,"在没有市场的地方,市民社会不可能存在下去"③。因此,基恩激烈反对将经济领域独立出市民社会的三分法,认为在国家之外将市民社会作两层划分所体现的仍是从前那种强调市场失灵的老观点。但是,基恩虽然批评对市场力量的全盘否定,同时也指出,市场的确不尽如人意,它存在结构性弱点:市场失灵和市场变化从来就不是自发愈合的,它总是要仰仗互助的以及自愿的各种社会基础组织;并且,市场无法创造出社会秩序,关键的社会整合在市场的互动中无法实现。可以说,"没有市民社会

---

① J. Gray. *Post Literalism : Studies in Political Thought*. Routledge, p. 213.

② J. Keane. *Democracy and Civil Society*. Verso, 1988. xiii.

③ 约翰·基恩:《市民社会:旧形象、新观察》,上海远东出版社2006年版,第15页。

的地方,就不会有市场"①。可见,基恩对市民社会经济性质的强调不但是有针对性的,而且是有原则的。他主张的实则是一种以经济为核心的、市场与社团联合互动的社会结构,在其中市场和社团的功能和作用分明,但却并不因此应该和能够彼此分离,更不应该将任何一部分划离公民社会这个统一的概念。

　　然而,概念上的分歧并没有减少人们对于公民社会的期待。在西方,除新自由主义和左翼批判理论宣扬公民社会理论之外,倡导"第三条道路"的新左派也以公民社会的培养作为应对福利国家所面临的全球化挑战的落脚点。

　　"第三条道路"指涉广泛的内容,至少包含了美国民主党和西欧左翼政党为解决全球化时代出现的各种问题而提出的种种执政理论,但以英国首相布莱尔及其精神导师吉登斯的理论主张和英国工党的政治实践为其主体内容。工党的转型和布莱尔主义的产生主要源于对福利体制危机和国家干预主义反思和应对。我国学者王振华指出,"工党着力于重新塑造自身形象,大力宣扬超越左、右的实用主义政治哲学,同战后,特别是 70 年代以来英国社会经济结构的转型和变化密切相关"②。这种转型和变化即是后福特主义的来临以及由此导致的"政治支持结构的变化"。全球化同样是英国变革的重要背景,布莱尔曾谈到,"第三条道路"就是要认真对待世界经济和社会中出现的"改变"。这些改变表现在:(1)全球市场和全球文化的日益发展;(2)技术的进步以及专业技能和信息增加成了就业和新兴产业的主要驱动者;(3)妇女角色发生了改变,必须为她们提供机会;(4)政治本身性质的急剧变化。为了回应变化,政府必须处理两股压力,一股来自要求更多自治权力的地方,另一股来自全球化后有越来越多的问题必须仰赖国际合作才能处理的世界。③ 吉登斯也对"全球化"对福利国家造成的挑战作了详细而深入的分析。他指出,"新的全球化时期不仅冲击了福利国家的经济基础,而且冲击了其公民把自己的财富等同于国家财富的信念。国家没有能力对经济生活提供有效的中央控制"。④

　　20 世纪 70 年代末英国工党下台后,福利危机就交由保守党应对,而保守

　　① 　约翰·基恩:《市民社会:旧形象、新观察》,上海远东出版社 2006 年版,第 15 页。
　　② 　王振华:《布莱尔"第三条道路"的社会历史背景与思想理论渊源》,载王振华主编《重塑英国:布莱尔主义与"第三条道路"》,中国社会科学出版社年 2000 版,第 50 页。
　　③ 　托尼·布莱尔:《第三条道路:新世纪的新政治》,载陈林、林德山主编《第三条道路:新世纪的西方政治变革》,当代世界出版社 2000 年版,第 12—13 页。
　　④ 　安东尼·吉登斯:《超越左与右——激进政治的未来》,社会科学文献出版社 2000 年版,第 145 页。

党在长达 18 年的执政历史中更是直接面对了全球化的挑战。这一现象同时
发生在欧洲其他福利国家以及美国。众所周知,美国的里根主义与撒切尔主
义从来都是被相提并论,被视为新自由主义的开山之作;而相近时期内,欧洲
其他福利国也在向右转,这正是 80 年代初到 90 年代中期西方政治的特点。
社会民主主义的改革在这样一个大的环境之中进行,因此它不可避免地要受
新自由主义改革浪潮的影响,而且这种影响不仅是对正面的吸收,同时也有
对负面的扬弃。新自由主义看似在全球取得了胜利,但它同时也经受着挑
战,吉登斯就曾提出,新自由主义本身也陷入了困境。在英国,新自由主义一
向被看作是保守主义自由化的结果,它由保守主义和市场原教旨主义组成。
市场原教旨主义把对未来的希望完全寄托在通过不断解放市场力量而获得
的永无止息的经济增长上;而传统的连续性在保守主义的思想中占据核心地
位。然而,"再也没有什么力量比市场力量的'不断革命'更能消解传统的了。
市场的动力机制削弱了传统的权威结构并瓦解了地方共同体;新自由主义创
造了新的风险和新的不确定性,而它却要求公民们忽视它们。而且,它忽视
了市场本身的社会基础,这种基础正是被市场原教旨主义无情抛弃的共生形
式。"①新自由主义两个基本组成部分之间存在的极大张力,被吉登斯视为一
种深层次的、不可调和的矛盾。此外,新自由主义因为奉行市场原教旨主义,
在处理国家与市场、国家与社会的关系上,完全排除了国家权力。这更是一
贯信奉国家力量的左派所不能接受的。在理论上的缺陷之外,新自由主义改
革在实践中造成的负面效应也历历在目:贫富差距的拉大、社会道德的下滑、
社会公正的丧失等引起了公众广泛的不满和反对。到 90 年代中期,新自由主
义导致的社会危机已经到达了社会承受能力的边缘。这样的新自由主义,自
然无法成为解决社会痼疾的上上方案,必须有新的政治方案来取代它。

一条理想的政治道路应该"既不是放任自流,也不是僵化的国家干涉主
义",而是把社会民主主义的国家干预主张与新自由主义的市场自由政策结
合起来,在国家与市场、安全感与灵活性、社会理性调节与经济自发力量之间
寻求某种新的平衡。这便是西方社会民主党的政治尝试。"第三条道路"理
论则试图对这种尝试做出勾画,形成新的政治意识形态。

布莱尔的"第三条道路"明确表示"要在不受约束的个人主义和自由放任

① 安东尼·吉登斯:《超越左与右——激进政治的未来》,社会科学文献出版社 2000 年版,第 16
页。

主义与旧的政府干预和各阶级合作的社会民主之间,找到一条在当代实现社会公平的道路"。布莱尔在 1998 年 9 月 27 日于《华盛顿邮报》发表的题为《第三条道路是最好的道路》的文章中写道:"第三条道路是现代社会民主重新得到恢复并取得成功的道路,它寻求采纳中间和中左道路的基本价值观念,并使其适用于全世界根本的社会和经济变革,而且不受过时的意识形态的束缚。"所谓过时的意识形态是指由国家干预主义或自由放任主义思想所支配的观念。而中间和中左道路的基本价值观,如朱利恩·L.格兰特在新工党路线中所发现的,是由社区、义务、责任和机会四个主要部分组成。①

社区价值在世纪末成为社会民主主义者的重要信仰。尤妮斯·劳森指出,"在 20 世纪 90 年代,'社区'以及社区主义思想成了一些中间派和左派政治家手中挥舞的大纛,变成他们为争夺政治权力而制定决策的基础。美国新民主党 1992 年和 1996 年的竞选表现是这样,英国新工党 1997 年竞选亦不例外。他们都举着'社区'这面旗帜,标榜自己在意识形态上是如何的与众不同,这一点从他们的'第三条道路'运动中可见一斑。"②吉登斯在其著作中尤其强调社区建设之于"第三条道路"政治的重大意义,他写道,"培育一个积极的公民社会是第三条道路政治的一个基本组成部分"。③有必要指出的是,在"第三条道路"中,社区有时具有与共同体以及公民社会基本等同的含义,有时它又作为公民社会或共同体的一个单位而存在,在吉登斯的著作中即是如此。社区思想的提出与左派对社会公民素质的日渐衰落的担忧密切相关,是为了医治英国社会的新自由派的伤病;它同时也是向"旧工党"开战的一个旗号,谴责旧工党对英国社会今天的沉疴抱着自由论者的心态。对社区价值的强调是在为这个分崩离析的世界提供一个解决的方法。④因而,新工党倡导将社区建立在明确价值、家庭观念以及文明社会繁荣的基础上,主张重塑家庭结构以及人与政府、人与组织之间的关系。就家庭结构而言,新工党将经济机会的缺乏、社会的排斥性等问题视作父母及家庭问题的后遗症,因此热衷于减少婚外妊娠,提倡"已婚的双亲家庭",以维护家庭观念。就人与政府、人与组织的关系而言,新工党则强调,政府可以通过社区以团结与协商的精神

---

①　See J. L. Grand. The Third Way Begins With Cora. In *New Statesman*, March 6, 1998.

②　尤妮斯·劳森:《第三条道路与社区政治》,载《背叛的政治:第三条道路理论研究》,第 129 页。

③　安东尼·吉登斯:《第三条道路:社会民主主义的复兴》,北京大学出版社 2002 年版,第 82 页。

④　尤妮斯·劳森:《第三条道路与社区政治》,载《背叛的政治:第三条道路理论研究》,第 136—137 页。

取代撒切尔时期个人主义竞争的社会毁坏性。在这种理解中,社区所突出的是一种合作精神,它追求建立一种适应全球化的民主管理方式。因此,无论是社区价值,还是新的"共同体"意识抑或公民社会思想,都强调跨阶级合作、公共领域的建立以及民主制度的民主化。而民主化的顺利进行和公共领域的重建却又可看作取得广泛合作的基础。吉登斯指出,西方的民主制度还不够民主,这导致了官僚主义的盛行以及由此引发的国家对社会权力的不必要干预,因此,国家必须展开权力的"非中心化过程"。这一过程不局限于传统的由中央向地方的权力下放,还应表现为由国家向跨国组织的权力上交。此即所谓的"双向民主化"过程。此外,民主化也意味着公共领域的更新、直接民主机制以及公共领域的透明度、行政效率的提高等等内容。[①]公共领域的重建作为民主化的一个重要内容而存在。吉登斯指出,"社区复兴政策不能忽视公共领域。一个开放的公共领域不论在国家层次上还是在地方层次上都是非常重要的,而且,它还是使民主化进程与社区发展直接联系起来的一种有效途径。"[②]公共领域的建立是政府存在的目的之一,政府应"创设和保护一个开放的公共领域:在这一领域中,关于政策问题的争论能够不受限制地持续开展下去"[③]。

强调社区价值自然会将责任、义务及机会等词汇放在醒目的位置,因为这些都是公民社会重建不可缺少的因素。在这种理解中,格兰特所指出的"第三条道路"的另外三大支柱都具备了从属于社区政治这一首要支柱的性质。

新左派在不否认自由市场经济作用的同时,着重强调了公民社会(社区及公共领域)的决定性地位。但是,与新自由主义强调公民社会的个人自由和经济自治的意义不同,第三条道路寄希望于公民社会,乃在于它是一个能够不断发展社会资本,从而有利于实现社会团结以及建立国家与社会间良性互动关系的领域。而且,"第三条道路"也并不认为市民社会是自生自发的秩序与和谐的源泉,而是强调政府必须对社区导致的问题和紧张关系作出斟酌和判断,国家应主导社会秩序。

尤其值得指出的是,在新左派从传统左翼中"变革"出来的过程中,另一股由于不满传统左翼运动现实效应的力量也成长起来了,这就是发端于1968

---

① 安东尼·吉登斯:《第三条道路:社会民主主义的复兴》,第 79—82 页。
② 同上,第 88 页。
③ 同上,第 50 页。

年的新社会运动。这一年,西方的青年学生、妇女和反战和平人士纷纷走上街头,掀起了大规模抗议运动,矛头指向资本主义的官僚体制。作为新社会运动的萌芽,1968年运动的抗议主题直指资本主义工业化的社会后果,诸如人性异化、环境破坏、性别压抑等等,突出的是日常生活批判的主题。它所反映的社会冲突扩及整个文化层面,与传统的社会运动所体现的无产阶级与资产阶级的斗争主题有所区别,另外,运动所主张的"非暴力行动"方式以及运动组成人员的多阶层性也使它区别于传统的社会运动。到70年代,新社会运动大规模爆发,各种主题的抗议运动形式迭出,尤以生态运动、女权运动、和平运动、第三世界反经济帝国主义的斗争、反种族主义运动为主要形态。80年代以后,新社会运动已成为欧洲政治中稳定的现实,并且逐渐走上了制度化的以政治谋求解决问题的道路,这一时期,欧洲许多国家的绿党成立。进入90年代,由于1989年苏东剧变的影响,西方传统的左翼运动受到重创,欧洲各国的共产党和社会民主党都在重新思考社会主义的前途和命运,并在重新寻求自己在当代西方政治现实中的定位。新社会运动在这一变动中获得了更广阔的生存空间和发展动力。

新社会运动在西方国家产生了重大的政治影响,它尤其影响到西方左翼政党的政策选择及左翼理论的发展。吉登斯指出,"社会运动是旨在建立一种生活新秩序的集体性事业"[1],他主张应重视劳工运动、言论自由和民主运动、和平运动、生态运动等社会运动的作用,并将它纳入到重建福利体制的构架之内。但从总体上来看,西方公民社会理论由于过分重视非政府组织和公共领域的建设,而忽略了新社会运动之于公民社会建构的重要意义。迈克尔·W.福利和鲍勃·爱德华兹指出,"无论是帕特南对美国'公民社区'状况的评价,还是他对意大利北部地区政府的解释,都低估了新兴的组织、特别是如社会运动和政党这样的政治社团在培养公民社会方面的能力以及推进民主的能力。"[2]杰基·史密斯也认为,帕特南和其他使用公民社会概念的学者将社会运动组织从他们的公民社会概念中排除出去,理由是它们缺乏面对面的接触,而帕特南认为这种接触对于培养社会信任或社会资本来说是至关重要的。于是,社会运动就违反了这一概念,即强大的公民社会是由弥合分裂

---

① 安东尼·吉登斯:《社会的构成》,三联书店1998年,第312页。
② 迈克尔·W.福利、鲍勃·爱德华兹:《公民社会的悖论》,载何增科主编《公民社会与第三部门》,社会科学文献出版社2000年版,第196页。

而不是加强政治分裂的组织构成的。这种观念是存在问题的。史密斯对跨国社会运动的考察表明,跨国社会运动也能够产生对全球政治进程民主化至关重要的社会资本,而且跨国政治社团在全球政治体中是最为重要的公民行动者之一。[①]

新社会运动和公民社会的关系是新时期公民社会理论中值得关注的方面。先不论这种关系的合理定位应该在那里,至少,新社会运动作为一股来自于公民社会、区别于政治国家的力量已经在全球范围内展现了它们存在的意义,并且因其表现出来的意识形态的多元化、价值取向的个人主义化以及无政府主义的倾向,而被一些后现代主义的学者所追捧,在对未来世界的勾画中,成为了区别于谋求在现代性的框架内驯服全球化这种路径的另一种路径选择。因此,在某种意义上甚至可以说,公民社会的当代复兴离不开新社会运动的推动。

总之,现代性的危机、这一危机在全球化进程中的深化共同促使了"西方世界对市民社会和政治国家矛盾关系的倾心解构与重构",换言之,公民社会在西方社会的当代复兴反映了二战后尤其是 70 年代以来西方各国国家和社会关系的深刻变化及理论诉求。那么,发展中国家公民社会复兴的力量又源自哪里呢?

从历史时间上看,非西方国家公民社会的复兴大致也发生在 70 年代及至以后,但从概念时间上看,这一时期西方自由民主国家已经进入到成熟的现代化阶段,所面对的是如何应对现代化发展所带来的一系列问题;而发展中国家正处于向现代化推进的阶段,所面临的主要问题是如何消除国家与公民社会的复合状态,实现经济独立和社会自主,进而实现社会的发展与进步;同时他们也面临着全球化的进程及由此带来的全球性问题。我们可以从对苏东和威权主义国家公民社会兴起的简要回顾中把握这种区分。

从 70 年代起,苏东国家对斯大林模式和国家社会主义的反思和批判已经逐渐公开化,一些国家出现了政治反对派,他们发起了声势浩大的争取民主的社会运动,其中波兰团结工会直接打出了争取建立一个"公民社会"的旗帜。东欧一些学者也开始以"公民社会"概念表达他们反国家主义的理想。这一进程不仅成为 1989 年胜利的重要原因,而且突出了两种不同意义的公民社会概念。70 年代末、80 年代初东欧持不同政见者在与官方正面冲突之外

① 杰基·史密斯:《全球性公民社会?》,载何增科主编《公民社会与第三部门》,第 144—145 页。

采取的所谓"非政治的政治"策略,即在国家之外发展市民社会的力量:采取与政治不合作的态度,在国家权力的缝隙中谋求社会力量的发展,现在已被认为是一种在全权主义政治中能够采取的合理斗争策略,尽管它未能使这一策略的主张者们在新政权中继续获得成功。"非政治的政治"策略后来受到"反叛的政治"的补充。匈牙利哲学家、1989 年以前匈牙利著名的持不同政见者塔马斯指出,"非政治的政治"这一策略使东欧持不同政见者无法在政治上形成一股强大的力量,因而无法对政局形成影响。在全权主义不存在的情况下,如果仍然陶醉于"生活在真理中"、"无权力者的权力"等道德主义、乌托邦的观念,只会为他们原先所反对的东西、甚至他们更不愿意接受的东西(如完全无法无天的独裁统治)创造条件。建立一个主动积极的社会才将是更有意义的。因此,塔马斯主张将"反叛性政治"同"非政治的政治"相区分,使之成为常规政治的一部分。赫斯特认为"反叛性政治"不仅应成常规政治的一部分,也要成为建设性政治的一部分。伊萨克则主张,在新的情况下应该把"反叛性政治"同"非政治的政治"结合起来,他将公民社会理解成他所谓的"造反政治"的基础,而"造反政治"是指"一种自愿结社的政治,它独立于国家,设法创造空间以反对冷漠的、使人软弱无力的官僚结构和法团结构,这样一种政治常常把矛头针对国家,但它不寻求像政党那样控制国家,它也不像利益集团那样对国家进行院外活动,以谋取特殊好处。相反,它是一种道德奉劝的政治,设法在沙漠中造成绿洲,为它的实行者提供一种尊严感和强大感,用它的榜样和它的具体、非常切近的结果的力量来影响政治世界。"[1]在伊萨克看来,公民社会不仅应积极影响政治,而且应成为政治合法性的来源。

东欧公民社会的实践和理论在某种程度上表明,在国家之外发展社会领域以对抗国家的做法不失为抵制国家主义、争取社会权利的有效策略。在 1989 年以后,这一策略被发展中国家普遍地引入到公民社会的建设之中。比如,邓正来在对台湾"市民社会"语式的研究中指出,台湾"民间社会"理论所构设的"民主社会与国家"这一形式二元结构的实质性内涵,可以抽象为以民主政治等为终极目标的"民间社会对抗国家"的关系构架。[2] 事实上,在台湾式的广大威权主义国家和地区之中,除了东亚个别成功的例子之外,由国家

---

　　① 　J. C. Issac. Civil Society and the Spirit of Revolt. In *Dissent*, Summer, 1993, p. 357.
　　② 　邓正来:《台湾"市民社会"语式的研究》,载邓正来、杰弗里·亚历山大主编《国家与市民社会:一种社会理论的研究路径(增订版)》,第 440 页。

唱独角戏的发展努力几乎都陷入了严重的危机之中,经济停滞,贫困加剧,环境退化,所有这一切都促使人们重新认识国家在发展过程中所应扮演的角色,并摈弃了对国家能力和作用的过高和不切实际的期望。同时,发展中国家所普遍建立的权威主义政权,由于公民社会的弱小而获得了高度的自主性并缺乏相应的责任制约束,由此导致的政治腐败、民众反抗、高压政策和民众更大的反抗,使权威主义政权处于深刻的危机之中。这些都促使一些理论家思考如何控制高度自主而又不负责任的国家,他们不约而同地选择了以公民社会的发展来对抗过于膨胀的国家权力。[①]

至此,我们看到,各国政治发展的需要推动了公民社会话语的复兴,并促使其成为一种全球性的现象。但是,虽然当代公民社会的复兴主要源于对国家主义的回应,由于各国政治发展的特殊性以及全球形势的复杂性,复兴的公民社会较之公民社会传统而言,更具多样性。罗伯特·W.赫夫纳指出,根据所属思想流派的不同,公民社会被赋予创造制衡力量、消灭对手、解放商业企业、强化家庭关系、使民主彻底化、减少少年怀孕以及培养共和美德等各种能力,他写道:"自由主义的民主派人士坚持认为,一个健康的公民社会能够对国家的权力起制衡作用并限制统治者的欲望。共和派的政治学家则把公民社会看成是公民学习参与和宽容的民主习惯的地方。市场自由意志论者认为,民间社团似乎提供了一种提供社会服务而又不会引发公民对福利产生依赖感的机制。最后,在那些后马克思主义的左派作家那里,公民社会被吹捧为通向一种更为广泛更为深入的民主制度的道路。"[②]总之,无论公民社会将扮演什么角色,它都是对现实政治实施补救的一种必需品,改革国家治理、反对资本盲目扩张(事实上,无法抑制资本盲目扩张也是国家治理的一种失败)都缺它不可。

三、作为策略和目标的全球公民社会

在学派和政界的共同关注下,应对现代化及全球化危机的一国内部的以

---

① 何增科主编:《公民社会与第三部门》导论,社会科学文献出版社 2000 年版,第 10 页。
② 罗伯特·W.赫夫纳:《公民社会:一种现代理想的文化前景》,载何增科主编《公民社会与第三部门》,第 216 页。

公民社会为基础的治理思路已经形成。我们也看到,自 70 年代来,尤其是 1989 年之后,世界范围的以非政府组织(NGO)[①]为核心的公民社会获得了快速发展。80 年代的十年间,在德国、法国和美国,公民社会部门占了总就业的 6%,却占了就业增长的 13%。换句话说,这些国家 80 年代期间创造的新工作的 1/8 是在公民社会部门中产生的。[②] 90 年代是非政府组织快速发展的时期,1993 年加入经济合作与发展组织的国家中已经登记的非政府组织有 2970 个,而 1980 年只有 1600 个。这些组织的总支出从 1980 年的 28 亿美元增加到 1997 年的 77 亿美元。发展中国家的公民社会组织在这一时期也快速发展。在埃及,90 年代早期就有约 20000 个非营利性组织存在,在泰国,单曼谷就有约 2200 个非营利组织,而且在全国范围内近 11000 个组织已经成立。[③]

根据莱斯特·萨拉蒙等人所做的一项颇有影响的针对 22 国公民社会组织(非营利组织)研究,非政府组织在发达国家因各种社会需求的增加和政府职能的减少,其重要性日益突出,这尤其表现在非政府组织承担了越来越多的社会福利功能。在德国、荷兰和比利时等国中,非政府组织被作为处理社会福利问题的第一条防护线,而政府在可能的范围内,与这些组织合作或通过这些组织发挥作用。在中欧和东欧国家,尽管 1989 年之后非营利组织获得了新生,但是却没有充分发育成熟。受前期共产主义政权的影响,文化娱乐组织和职业组织及工会,占据了相对强大的地位,而在福利国家核心领域的社会服务、卫生保健和教育等方面的非营利活动仍然有限。拉美国家的非营利组织出现了"二元化"的特征,即在某种意义上,该地区存在两个分离的非营利部门:一个是由较传统的慈善组织和与社会、经济名流联系密切的机构所组成;另一个则是由相对较新的草根组织和所谓的"非政府组织"所组成。就正式的非营利部门而言,前者的地位十分突出;但后者也已形成了基础,并

---

① 非政府组织是目前比较普遍地用来指称公民社会组织的一个名称,除此之外,公民社会组织又常与独立部门、第三部门、非营利组织、志愿组织、免税组织等词换用。这些不同名称之间在内涵和外延上存在一定的区别,即使是同一个概念,在不同组织或学者的界定下也有不同的指称,很难统一。本书在讨论公民社会的过程中,以非政府组织来指称公民社会组织,两词换用;引用不同学者论述时依据其各自不同的用法,不作区分。可参见王杰等主编:《全球治理中的国际非政府组织》,北京大学出版社 2004 年版,第 10—18 页。

② 莱斯特·萨拉蒙、赫尔穆特·安海尔:《公民社会部门》,载何增科主编《公民社会与第三部门》,第 260 页。

③ 同上,第 261—262 页。

构成日益显要的"非正式的"或不太正式的组成部分。① 非营利部门在不同区域国家中的发展,正如萨拉蒙所言,共同体现了近年来全球许多政治领袖开始寻求将市场真谛与广泛的社会保护优势相结合之途径的努力,而公民社会组织"由于它们在市场和国家之外的独特地位,它们通常以较小的规模、与公民的联系性、灵活性、激发私人主动支持公共目标的能力,及其新近被重新发现的对建立'社会资本'的贡献,公民社会组织在寻求介于仅对市场信任和仅对国家信任之间的'中间道路'中的战略重要性已经呈现出来"。②

在国内公民社会组织迅速发展的同时,一个引人注目的现象是国际非政府组织(INGO)和跨国社会运动(TSM)的成长。与非政府组织相比较而言,国际非政府组织的显着特征是,它的目的与活动范围、机构组成或者资金,及其他主要资源的来源与使用具有跨国性与国际性(两个以上的国家)。国际非政府组织与国家或地区的非政府组织一般有着密切的联系。从国际非政府组织的构成来看,它一般是一个包括了许多国家和地方非政府组织在内的组织网络。比如,国际禁雷运动(International Campaign to Ban Landmines,ICBL)由 1200 多个非政府组织组成;国际环境联络中心(Environmental Liaison Center International,ELCI)的成员包括 112 个国家和 3 个地区的 900 多个环境非政府组织(2002 年数据)。从国际非政府组织的产生看,根据彼得·威利茨的研究结果,国际非政府组织一般通过以下三种方式由非政府组织转变而来:一是单个的非政府组织鼓励在别国成立与之相对应的非政府组织。如"地球之友"(Friends of the Earth)从美国扩展到西欧,然后扩展到发展中国家,最后及于东欧。二是一个组织鼓励在另一国家建立伙伴组织,而不是它的复制性组织。如北方的募捐组织会支持南方的合作组织和社区组织,而南方那些在一国之内受压制的组织经常努力在他国建立运动性的团体来为其目标服务,如反种族隔离运动。第三,有些因素会促使非政府组织把活动扩展到更多的国家,如一个非政府组织可支配资源的增加,或关于自身角色的看法转变了。比如,改组成现代组织形式之后的牛津饥荒救济委员会

---

① 莱斯特·M. 萨拉蒙:《全球公民社会:非营利部门视界》,社会科学文献出版社 2002 年版,第 3—43 页。

② 同上,第 5 页。

(Oxfam),在定位于主要面向发展中国家之前已经运作了 20 年。①

与非政府组织一样,国际非政府组织的实体存在比概念存在要早远得多。当代学者们倾向于将 1839 年成立的由 18 世纪活动于各国的反奴隶制组织结合而成的"英国和国外反奴隶制社会"(the British and Foreign Anti-Slavery Society)看作是现代意义上的国际非政府组织活动的开端。② 虽然始于 19 世纪,但国际非政府组织的迅速发展却是战后尤其是 70 年代以来的事情。一项对 247 个比较重要的国际环境非政府组织的研究表明,76% 以上的国际环境非政府组织是在 70 年代以后成立的,比如地球之友国际(Friends of the Earth International,FOEI)、绿色和平国际(Greenpeace International)和国际环境与发展研究所(International Institute for Environment and Development,IIED)都成立于 1971 年,环境联络中心国际组织成立于 1974 年。③ 70 年代后期,全世界已有 8000 多个国际非政府组织,到 80 年代,数量更是增至 14000 多个。冷战后国际非政府组织呈爆炸式增长,1990 至 1999 年,国际非政府组织从 6000 个上升到 26000 个。④ 目前,国际非政府组织活跃在人权、环境、发展、和平与安全等广泛领域。

国际非政府组织的上升不仅体现在数量的增长上,更体现在它们作用上。国际非政府的作用在三个领域有充分展现:一是影响各国政府。国际非政府组织采取各种活动力图影响政府政策。它们通过联合行为游说政府改变政策、北方国家通过国际非政府组织传送给发展中国家的援助、通过影响发展中国家的本土非政府组织从而影响政府政策以及借助网络联系,动员公众,通过公众对政府施加压力等等。二是影响政府间国际组织。在 1992 年里约环境与发展大会后,包括国际金融和发展机构在内的联合国体系各机构,都被责成做出与国际非政府组织合作和联系的有关安排。国际非政府组织更广泛地参与联合国特别会议的准备工作和会议本身,并且争得了最后文件

① P. Willetts (ed.), *The Conscience of the World: the Influence of Non-Governmental Organizations, in the US System*, Hurst &Company,1996,pp. 9-10. 转引自王杰等主编《全球治理中的国际非政府组织》,第 19—20 页。

② 参见联合国开发计划署:《2000 年人类发展报告:人权与人类发展》,中国财政经济出版社 2001 年版,第 25 页;C. Chatfield, *Intergovernmental and Nongovernmental Associations to 1945*, in J. Smith,C. Chatfield, and R. Pagnucco (eds.), *Transnational Social Movements and Global Politics: Solidarity beyond the State*,Syracuse University Press,1997,p. 21.

③ 参见王杰等主编《全球治理中的国际非政府组织》,第 303—304 页。

④ 世界银行驻中国代表处中文网页:http://www. worldbank. org. cn.

及决议的起草权利。在执行人道主义服务方面,它们同联合国在冷战后迅速建立了伙伴和契约关系。1996 年,经社理事会做出关于咨商安排的新决议,决议进一步规范了咨商体制,肯定了国际非政府组织参与联合国会议的权利。国际非政府组织对联合国专门机构的影响不断地加强。三、影响跨国公司。国际非政府组织建立了一些专门监督跨国公司的组织,如"公司观察"(Corporate Watch)。人权组织、环境组织也向跨国公司施加压力,要求它们改变忽视人权、破坏环境的行为。环境组织还致力于改变公众的消费观念,呼吁公众对有损环境的产品进行消费抵制,不使用对环境不负责任的公司的产品。甚至通过法律手段指控对环境造成破坏的跨国公司,阻止它们的相关行为。①

总之,在 20 世纪的最后二三十年尤其是最后十年中,无论是非政府组织还是国际非政府组织,它们在数量、活动范围与领域、社会影响力上都日益呈现出急剧扩张之势,萨拉蒙惊呼这是场"全球结社革命",甚至认为,历史将证明这场革命对 20 世纪后期世界的重要性丝毫不亚于民族国家的兴起对于 19 世纪后期的世界的重要性。而罗西瑙、赫尔德、麦克格鲁等学者则认为全球性的社团革命奠定了全球公民社会的基础。

伴随着这场革命发生的同样引人注目的现象是,20 世纪中期兴起的新社会运动大多被逐渐合法化转而成为了非政府组织,成为结社运动的一部分(用卡尔多的话说,非政府组织是被驯化了的社会运动),到世纪末的时候,以非政府组织为核心成员的、跨国性的或全球性的社会运动再度兴起。

社会运动关注特别议题,它由组织联盟发起以追求特别的议题,或者由单一的组织围绕单一的议题动员大众,或者是不同目标的组织结成联盟或网络为了普遍的或部门的利益而共同行动。② 与非政府组织相比,社会运动是由共享的身份和集体行动联结而成的非正式的行动网络,它们可以包括非政府组织,但是不能被简约为构成行动网络的组织,更不用说被简约为某一个组织。③ 社会运动一开始就有走向全球的趋向,比如 19 世纪中期出现的有组

① 参见王杰等主编《全球治理中的国际非政府组织》,第 158—162 页。
② S. Batliwala, *Grassroots Movements as Transnational Actors: Implications for Global Civil Society*. in Rupert Taylor, Kumarian (eds.), *Creating a Better World: Interpreting Global Civil Society*, 2004, p. 69.
③ C. Rootes, *Global Civil Society and the Lessons of European Environmentalism*. in *Creating a Better World: Interpreting Global Civil Society*, pp. 148-149.

织的和平主义运动,它致力于向全世界宣扬和平的思想,而不局限于某个区域。到 20 世纪六七十年代,由民间力量发动的声势浩大的"反核运动"虽然主要发生于西方国家,但已经开始努力刺破横亘在两大阵营之间的"铁幕",试图开辟政府外交之外的"第二渠道"以实现沟通和协调的作用。根据玛丽·卡尔多的研究,东西欧之间的对话和交流开辟了绕过主权国家进行跨界合作的平台,而这便意味着"全球公民社会"的开端,到 1989 年后,这种对话和交流公开化与合法化,"全球公民社会"也就真正开始形成了。[①] 现实确如卡尔多所言,到 90 年代,各种类型的国际非政府组织和部分具有国际倾向的国家或地方非政府组织纷纷走上了建立全球网络的道路,不同的组织之间相互交流信息、共享资源、协调立场,在重大问题上加强磋商,力争发出一致的声音甚至采取共同行动,全球性社会运动的规模和影响力断扩大。1997 年,"国际禁雷运动"组织因其突出的贡献被授予了诺贝尔和平奖,1999 年这一殊荣又被"无国界医生"(Doctors Without Borders,MSF)获得,这些都是事实上的证明。

但是,全球性社会运动话语的普遍化却直到 1999 年才发生。这一年西雅图的"反对世界贸易组织、反对全球化"运动震惊了全球。这场由来自不同国家和地区的数百个非政府组织以及 5 万多名抗议者参加的大规模抗议运动,囊括了劳工运动、社会运动和生态运动等种种力量,它直接针对世界贸易组织,明确提出反对新自由主义全球化,这种种现象都是空前的。在这场运动中,尤其引人注目的一点是,非政府组织发挥了领导和组织的作用。1999 年 1 月会议通知公布以后,一个在华盛顿的由劳工、贸易和环境组织联合组成的组织——公民贸易运动(Citizens Trade Campaign,CTC)就发起了动员计划,设法管理参与这场运动的没有多少共同点的组织和个体,并且考虑提供统一的信息以协调内部竞争。[②] 这种有组织的行为使这场大规模的抗议活动得以开展,更为重要的是,有组织的行为能够有效地克服此类运动的临时性和短暂性,使它成为一种可持续发展的社会运动。

正如全球公众所见,在西雅图抗议运动之后,"反全球化运动"开始风起云涌。在 2000 年,平均每个月在世界的不同地方都有不同规模的反全球化运动发生。"9·11"事件之后,受美英全球反恐战略的影响,反全球化运动改变

---

①　See M. Kaldor,*Global Civil Society:an Answer to War*.

②　G. H. Murphy,The Seattle WTO Protests:Building a Global Movement,in *Creating a Better World:Interpreting Global Civil Society*,p. 31.

了以往的大规模行动的方式,而主要以世界社会论坛(World Social Forum,
WSF)取代之。世界社会论坛是由各国非政府组织、知识分子和社会团体代
表参加的大型会议,始于 2001 年。论坛成立之初是与世界经济论坛相对立的
会议,它反对由自由市场控制的全球化及"新自由主义的过分做法导致的灾
难、不平等和不公正现象"。世界社会论坛吸引了全球众多的非政府组织和
反全球化人士,其影响不断地扩大。在首届世界社会论坛上,来自世界 122 个
国家和地区的非政府组织代表 2 万多人就免除第三世界国家债务、创建自由
贸易协定的替代方式等问题进行了探讨。2002 年 123 个国家和地区的 1.5
万名代表与会。会议着重分析了经济全球化进程中存在的问题并提出了一
些合理的建议。2003 年吸引了 150 家和地区的近 10 万名代表与会。会议的
一个突出特点是反对美国对伊拉克动武。2004 年 132 个国家和地区的 8 万
多名代表与会。反对美国对伊动武、促进和平以及反对全球化带来的不公正
和不平等是会议关注的焦点。2005 年 135 个国家的 15 万各界人士与会。与
会者就维护和平、消除贫困、普及教育、保护弱势阶层权益、新的社会经济发
展模式等问题进行了广泛的讨论,并提出了 350 多项建议。2006 年的第六届
世界社会论坛组织了 600 多场各类活动,来自世界各地的 2 万多名反全球化
人士出席了这场首次在非洲大陆举行的大型非政府组织会议。会议中心讨
论的内容是反对新自由主义和全球化,探讨各种发展模式。2007 年的第七届
世界社会论坛首次把会场完全设在非洲国家。这届论坛持续 6 天,议题包括
艾滋病、种族歧视、自由贸易、妇女儿童权益、减债和消除贫困等各种社会问
题。2008 年第八届世界社会论坛由全球上千个地方团体在世界各地举行。
2009 年第九届世界社会论坛在巴西北部城市贝伦开幕,来自 150 个国家和地
区的 10 多万名代表参加会议。这届论坛持续 6 天,议题包括金融危机、环境
保护和气候变化等问题。[①]

　　世界社会论坛逐渐成为协调社会运动、网络、非政府组织和其他社会团
体的场所,它是由公民社会组织的唯一全球性事件,创造了真正的跨越边界
的对话,并且会议在南方国家中举行,这些特点使它被誉为"正在出现的全球
正义运动的核心"[②],是全球公民社会最当然的组成部分;但是在另一方面,世

---

　　① 引自各大新闻网站。

　　② J. Cock, The World Social Forum and New Forms of Social Activism, in *Creating a Better
World : Interpreting Global Civil Society* , p. 170.

界社会论坛因其成分庞杂、矛盾众多，又被疑为患有"巨大畸形症"，一些言论甚至将它贬损为"NGO 的超市"、"一个穷人的欢场、一个世界弱势和边缘群体的宣泄场、一次贫困国家的集体意淫"①。然而，不管对它的评价分歧有多大，世界社会论坛的存在正积极地影响着全球政治议程，它所提出的口号——"另一个世界是可能的"，尽管并不意味着可行的替代新自由主义全球化的方案，但却昭示着一种更为合理、更为美好的未来是可欲可求的；而它的一系列倡议和决定，比如拒绝公共物品的"商品化"、抵抗"中心化的权力"以及反对战争和新自由主义②，尽管不能及时地转化为有效的政策，但却展现了在回应全球化危机的过程中公民社会对自由、平等和正义等诸多人类共同价值的诉求以及为实现这些诉求而付出的努力。

反全球化运动、世界社会论坛、各国的非政府组织以及国际非政府组织，共同构成了世纪之交全球政治中的新风景。它们的存在意味着更为广阔的社会网络的形成，它们为政治上边缘化的群体寻求影响全球政治变革提供了新的机会，并且促成了有关全球问题的跨国讨论，增强了全球公共领域的力量，推动了全球治理机制的形成。不但如此，它们的存在还充分表明了一个区别于国家和市场社会的领域正在日渐壮大，这个领域反对国家主义、分担公共管理职能，但不以夺取或控制政权为目的；它反对新自由主义的市场制度，主张对市场力量进行合理的规制；在某种意义上，它反对资本主义的价值观，代表着对"另外的世界"的追求。这一领域绕过传统的代议机制对政治施加影响，为公民直接参与公共事务的治理提供了平台，同时也为道德和知识权威的确立以及个体化的发展提供了空间。

对这道风景，如果仍使用公民社会理论来做解读，无疑已经不足够。回顾公民社会理论的发展史及其当代复兴，分析家都倾向于认为，公民社会属于处于个人与国家之间的有组织的社会生活领域。因此，他们主要将公民社会放在一个单一的国家范围内进行分析。所讨论的问题集中于：一是传统制度在多大程度上可以为公民的发展提供基础；二是社团应该在多大程度上采取或不采取对抗国家的取向；三是如何使国家放松对社会的控制。③ 这种国

---

① 参见《世界社会论坛：另一个世界是可能的》，载《南方周末》2004 年 2 月 5 日。

② J. Cock, The WSF and New Forms of Social Activism, in *Creating a Better World：Interpreting Global Civil Society*, pp. 173-174.

③ 参见弋兰·海登：《公民社会、社会资本和发展：对一种复杂话语的剖析》，载何增科主编《公民社会与第三部门》，第 105—109 页。

家层次的分析使许多学者忽视了近年来在跨国基础上运作的独立组织的迅速发展,从而忽视了"民主说客不只是本国的也有国际的。这一发展对于分析公民社会有着重要的意义"①。因此,必须有一种新的公民社会理论的研究视角,它能够对全球化进程中的新现象做出合理的阐释。在 90 年代初期,一批政治学者、国际政治学者、政治社会学者、国际政治经济学者顺应这种形势,开始以"跨国公民社会"、"国际公民社会"、"世界的公民社会"以及"全球公民社会"等概念尝试着对这种全球性的变革做出描述。比如,让尼·利普舒兹在 1992 年提出,至少有三个明显的政治空间表明一个全球公民社会正在兴起,它们分别是环境行动者的跨国网络的扩大、第三世界和发展中国家中"发展 NGO"网络的兴起以及关注全球规范制度化的人权网络的出现;更为重要的是,在信息技术的支撑下,这些人权组织、环境运动和发展网络之间的联系不断增加,这成为全球公民社会存在的最为有力的证明。② 上世纪的最后十年,越来越多的学者集中到"全球公民社会"的话语之下,全球公民社会的理论形态开始形成。在世纪之交的几年时间内,这一话语又溢出西方,全球公民社会的"全球化"进程开始了。

　　无论是在发达国家还是在发展中国家,人们广泛谈论全球公民社会,乃在于这一话语虽然诞生于"公民社会"与"全球化"话语的结合,但是它已超越两者,成为一个新的分析范式。当然,这也并不意味着全球公民社会与公民社会能够被割裂开来对待。修尔特、卡尔多、基恩等学者的研究表明,全球公民社会的分析仍然建立在公民社会理论的基础之上,其突出表现是,公民社会理论的核心及其中尚未解决的分歧大多转移到了全球公民社会理论之中。这一判断至少可以从两者在分析框架上的一致性以及全球公民社会对传统公民社会价值体系的承袭中得出。

　　公民社会理论的常见分析框架有国家—公民社会二分法和国家—公民社会—市场三分法。黑格尔和马克思是两分法的倡导者,他们特别强调市场体系之于公民社会(市民社会)的意义。当代学者基恩继承了这种传统,坚持将经济领域保留于公民社会之中;韦普纳也是二分论者,他特别批评那种剥离公民社会商业功能的观点。与此不同的是,更多学者拒绝将经济领域纳入

---

①　弋兰·海登:《公民社会、社会资本和发展:对一种复杂话语的剖析》,第 112—113 页。

②　See R. D. Lipschutz,*Reconstructing World Politics：the Emergence of Global Civil Society*,Millennium，Vol. 21，No. 3. pp. 389-421.

公民社会范畴。哈贝马斯的市民社会与公共领域概念有基本相同的涵义,他的"世界公民社会"指称的虑一个全球性的公共交往与行动领域。柯亨和阿拉托也坚持使社会文化生活领域成为与国家和市场并立的公民社会。修尔特也沿袭了三分法公民社会理论,反对将具有经济功能的组织和行为纳入全球公民社会范畴,甚至建议具有商业目的的非政府组织诸如商会和行业协会应被排除在公民社会的讨论之外。

其次,全球公民社会蕴含着公民社会的诉求,同样承载着不同诉求之间的内在张力。当中东欧的和平愿望与自由和民主追求相结合时,公民社会就承载起众多的价值功能,它不但是实现各种价值的一种策略,也被看作一种价值目标。公民社会在 17 和 18 世纪所蕴含的政治权利要求,在 19 世纪被赋予的市场功能以及在 20 世纪被赋予的社会文化功能交织在一起,体现在全球公民社会之中,使其成为了一个无法简单分门别类的综合目标体系。如果对照汉语对"civil society"的翻译,则全球公民社会同时具有"民间社会"、"市民社会"、"文明社会"、"公民社会"等不同的涵义。我们可以从公民社会生存的政治环境及其具体主张中找到一些多元价值的例证。比如,在新自由主义的全球化运动中,全球公民社会直接与经济权利相联;在绿色和平运动和人权运动中,全球公民社会则包含了政治经济社会文化等紧密联结的多元权利主张;在全球性的反全球化运动中,全球公民社会意味着对市场霸权的反抗。

基恩曾经说过:"全球公民社会和公民社会之间没有界限。"[1]它们在理论分析中具有明显的延续性;在经验事实中,所有地方的、地域的、国家的和超国家的公民社会机构,无不在相互依存的复杂链条上融合在一起,共同组成全球公民社会这个庞大的场域。因此,那种将两者割裂开来的观点应该被抛弃;那种将民族国家内部的、局限于影响国内政策并且从来没有想过借助国际共同体解决地方问题的公民社会排除在全球公民社会之外的看法也应该被抛弃。

尽管围绕着全球公民社会的诸多问题仍然是不明朗的,也尽管相对于全球公民社会这一概念努力去衡量的世界的丰富性、多样性和复杂性来说,任何对它所作的思想上的衡量都过于简单和不完善,[2]但是,为了下文讨论的需要,我们仍然不忘整合针对这一概念的种种不同意见,并从中得出几点基本看法:

---

① J. Keane, *Global Civil Society*? p. 27.

② Ibid. p. 78.

首先,全球公民社会是一个渐已形成的现实,它的展开至少依赖于以下条件,一是全球性的议题,二是全球性的结社,三是全球性的交流,四是全球性的团结。下文对全球公民社会的讨论以这些条件是成立的为基本预设。

其次,全球公民社会的结构可以划分为四个领域,即私人领域、自愿性社团、公共领域和社会运动。在目前,自愿性社团的活动和全球性社会运动尤其引人注目,在下文的讨论中,我们将以这两个方面作为全球公民社会的主要构成,换言之,下文将在三分法的意义上展开对全球公民社会的讨论。

再次,全球公民社会在全球化运动中获得了越来越重要的地位,它以非国家行为体的身份活动,通过各个领域的活动参与全球规制,是全球治理的主体之一。它代表了对一种前所未有的全球秩序的追求,是"对人类生存和发展所不懈追求的一种公共秩序追求与公共生活信念,即一种集'生存'、'利益'、'命运'等多重意涵为一体的新质的全球'公民社会共同体'意识的直接反映"。① 在当前,它实际地表现为一种为全球不同民族和国家所共同参与的实践运动。下文的讨论将以承认全球公民社会的这种现实存在和规范意义为基础。最后,全球公民社会是一个与政治权力相关联的概念。它虽然并不意欲夺取和控制政权,但它以影响国家的和全球性的公共政策为目的;它的存在直接挑战着传统的国家观念。这构成了本书所讨论的核心议题。

吉登·贝克尔和戴维·坎德勒曾经说,"全球公民社会代表着对未来世界政治秩序的一种勾画,其中国家不再独占由威斯特伐利亚和约所确立的、随后遍及全球的主权地位。对许多人来说,全球公民社会正在革新我们看待主权的方式,一种新的不以国家为基础的、无边界的交流的政治共同体主权挑战着以政治共同体和身份作为排他性基础的领域主权。这种对民族国家系统的'自下的'挑战越来越被看作是一种重建或者重新构思世界政治本身的希望。无论是全球治理机构的民主化、世界性的人权传播,还是在世界范围内的公共领域中出现的全球公民身份,这些被欲求的转变都经由全球公民社会提供必需的中介。"②全球公民社会与国家的关系是否正如他们所言? 下文将围绕国家的三个主要维度,主权、公民身份和民主,展开对两者关系的进一步探讨,以尝试着对这一问题作出回答。

---

① 袁祖社:《"全球公民社会"的生成及文化意义》,载《北京大学学报》2004 年第 4 期,第 12 页。

② G. Baker and D. Chandler, Introduction: Global Civil Society and the Future of World Politics, in G. Baker and D. Chandler(eds.),*Global Civil Society: Contested Futures*,Routledge,2005,p.1.

4 全球公民社会与国家主权

　　弗洛里尼(Florini)指出,"统治了几个世纪的国家系统既不是庄严地命定的,也不会轻易被消除。但是,它正在变化,最引人注目的变化与全球公民社会(TCS)相关"①,尽管处于上升状态中的全球公民社会与国家的现实关系并不难以把握,但是研究者们更乐于从规范的角度讨论全球公民社会对国家的影响,不断挖掘两者关系的可能性,这种讨论的焦点主要集中于全球公民社会引发的国家主权观念的变化。比如,利普舒兹(Lipschutz)和福格(Fogel)认为,全球公民社会(GCS)②作为一种私人权威正在国际规制领域冉冉升起,它与主权国家的权威构成了对照;罗西瑙(Rosenau)极具影响力的"没有政府的治理"理论认为世界正经历着三个根本性的变化③,每一个变化都与国家权威的分散或减弱相关;哈贝马斯提出了国家主权终将消亡于"世界公民社会"的理论,并且指明了"世界公民社会"的实现道路。众多观点或理论之于现实的解释力显然仍需实践的检验,但是,认真解读它们,必将有助于提高我们的认识。本章拟从国际政治理论、全球治理理论以及哈贝马斯的主权终结论三个向度出发,尝试着勾画全球公民社会与国家主权关系的理论轮廓。

---

　　① A. Florini. Transnational Civil Society, in M. Edwards and J. Gaventa(eds.), *Global Citizen Action*, Earthscan Publication Ltd, 2001. pp. 29-30.

　　② TCS 是 transnational civil society 的简写,中译名一般为跨国公民社会,而全球公民社会一般译自 global civil society(GCS)。两词的涵义有一定区别,前者并不认为跨越国界行为的公民社会已经在全球范围内结成一体,而后者恰恰强调全球公民行为一体化的特征。但在英语界的讨论中,跨国公民社会和全球公民社会渐已整合为一个话题,拥有基本相同的研究对象和范畴。此处为上下行文一致,将 TCS 译作全球公民社会。

　　③ 这三个根本性变化是:从传统国家中心的无政府体系向一套新的多中心世界的两极格局转变;曾经在世界政治中显赫一时的权威已岌岌可危;世界范围内政治合法性和权威性标准的改变。参见詹姆斯・N. 罗西瑙:《没有政府的治理》,江西人民出版社 2001 年版,第 325—328 页。

一、"去国家中心化"：全球公民社会与国际政治理论的转型

关于主权，《布莱克维尔政治学百科全书》给出这样的定义："主权是构成最高统治者最高仲裁者属性的权力或权威，这种仲裁者对做出决策以及解决政治体系内的争端具有某种程度上的最终权力，能够进行这种决策意味着对外部力量的独立性和对于内部团体享有最高权威或支配权"①。著名的现实主义理论家汉斯·摩根索（Hans J. Morgenthau）则认为："主权是一国在某个领土范围内立法和执法的最高权威，因此，它独立于任何别国的权威之外，并在国际法下与别国保持平等。"②我国学者也普遍从对内和对外两个方面来理解主权概念。周鲠生指出，"主权是国家具有独立自主地处理自己对内和对外事务的最高权力。分析起来，国家主权具有两方面的特性，即在国内是最高的，对国外是独立的。这两个方面是相关联而不可分的，因为如果对外不是独立的，国家便要服从外来的干涉而推动其独立自主地处理其对内对外事务的自由，因而就不是主权的。"③

在主权与民族国家的关系问题上，中西方学者都倾向于因循 1648 年《威斯特伐利亚和约》的约定，将主权看作是现代民族国家的本质特征。但是，这一约定所确立的平等交往原则在相当长的时间内只局限于"欧洲国家社会"，经由殖民地和半殖民地争取民族独立的反抗运动，在二战后才逐渐演变成为国际社会的基本原则。这一原则具体表现为，所有国家，不论大小，不论其经济与军事力量强弱，都在理论上享有与传统欧洲国家相平等的主权。这样，国际社会就成为了以主权国家为中心的国际社会，对此，赫德利·布尔（Hedley Bull）写道，"20 世纪的国际社会不再被认为只是欧洲的国际社会，而

---

① 戴维·米勒、韦农·波格丹诺：《布莱克维尔政治学百科全书》，中国政法大学出版社 1992 年版，第 726 页。

② 汉斯·摩根索：《国际纵横策论：争强权，求和平》，上海人民出版社 1995 年版，第 395 页。

③ 周鲠生：《国际法》（上册），商务印书馆 1976 年版，第 75 页。

是被视为全球范围的或世界范围的国际社会。"①二战后,主权原则又在联合国宪章中被确定下来,宪章的第二条明确规定联合国的组织原则是"各会员国主权平等"。至此,主权平等成为国际社会交往的基本原则,主权也被公认为民族国家最本质的特征,正如黑格尔所言,主权代表国家富有生命力的统一。我国学者俞可平也写道,"一个主权国家必须具备对本国政治、经济和领土的自主管辖权,否则就不成其为主权国家。主权是统一的、最根本的权力,国家中的一切权力都从属于主权权力"②,因此"主权便成为国家的象征,国家的完整和独立主要体现为主权的完整和独立。"③从公认的主权国家的构成要素——主权、领土和人口来看,领土和人口是国家存在的物质要素,而主权则是国家的灵魂。

二战以后,随着重视国际道义、国际法和国际组织研究的理想主义国际关系理论的衰落,以卡尔(E. H. Carr)和汉斯·摩根索为代表的现实主义国际政治学派开始兴起。卡尔主要致力于对理想主义的批判,认为普世道德不存在于无政府状态的国际社会之中,权力是国际政治中最重要的因素,国际利益的和谐是虚幻的。摩根索则提出利己的人性是国际关系的第一推动力,国家利益是以权力定义的,争取国家利益就是国家的道德,普世道德虽然存在,但不适用于国家。肯尼思·沃尔兹(Kenneth Waltz)高度简约化和体系化的理论则进一步确立了新现实主义国际关系理论中的"无政府状态"、"主权国家"及"体系结构"三大原则。

无论是现实主义还是新现实主义,其理论观点都是以民族国家为中心的,国家是国际政治研究的基本单位。这即意味着,在国际上,国家为本国公民提供安全保护等公共物资,保障公民的国际性贸易和投资,不受任何其他权威的制约。也因此,任何具有重大意义的跨国界活动必须由国家从事或是得到国家的允许。虽然这种对主权至上性的强调并不等同于对国际关系中活动的非国家行为体视而不见,但出于理论建构的需要,现实主义国际关系

---

① 赫德利·布尔将国际社会界定为"如果一群国家意识到它们具有共同利益和价值观念,从而组成一个社会,也就是说,这些国家认为它们相互之间的关系受到一套共同规则的制约,而且它们一起构建共同的制度,那么国家社会(或国际社会)就出现了。"他指出,最初的国际社会实际上是指欧洲,但是到20世纪,人们基本上已经摈弃了有关国际社会必须以某种特定文化或文明为基础的观念。参见赫德利·布尔:《无政府社会:世界政治秩序研究》,张小明译,世界知识出版社2003年版,第9—15、30—32页。

② 吴惕安、俞可平主编:《当代西方国家理论评析》,陕西人民出版社1994年版,第314页。

③ 俞可平等着:《全球化与国家主权》,社会科学文献出版社2004年版,第3页。

理论并没有对其做出相应的分析。

现实主义理论主导国际政治研究的三十多年间,置疑"国家中心论"的观点时而有之。新功能主义的代表人厄恩斯特·哈斯(Ernst Haas)曾指出,理性的经济行为不仅会导致跨国家的相互依存,而且会导致超国家机构的形成,比如欧洲共同体。美国学者卡尔·多伊奇(Karl Deutsch)等人早于 1957年提出,由于贸易、移民、旅游和文化交流等跨国活动的日益增加,将会导致在人民中间形成一种共同体意识和集体认同过程。他们提出了"多元安全共同体"(pluralistic security communities)的概念,认为它们在保持其成员国拥有法律主权的同时,还具有"一种产生于共同制度和相互关怀的核心价值的兼容性——一种相互认同和忠诚,一种'我等'(we-ness)意识,它们在'对和平变革抱有可靠期待'的基础上结成一体。"①在相关理论中,最有影响的是新自由制度主义国际关系理论的代表人物罗伯特·基欧汉(Robert Keohane)和约瑟夫·奈(Joseph Nye)所提出的复合相互依赖的理想模式,该理论直指"国家中心论",通过肯定国际交往的多元性和非国家行为体的重要意义,从而否定了国家是单一性的、理性的国际行为体这一现实主义的根本假定。

1977 年,基欧汉和奈发表了著作《权力与相互依赖:转变中的世界政治》,该书针对现实主义的主要命题提出,国际社会的无政府状态不一定导致无秩序社会,自私的、理性的国家首先考虑的是以最小的代价朝着有利于自己的方向去解决国家间的利益冲突,合作的方式很可能是成本效益较高的实现国家利益的方式。因此,国家需要合作,国际社会也存在着合作的条件。在无政府国际社会的有序状态下,国家之间的合作才是国际关系的实质。基欧汉和奈提出了复合相互依赖的理想模式,该模式的核心内容包括,一是各社会之间的多渠道联系,行为体多种多样,并不局限于国家。二是国家间关系的议程包括许多没有明确或固定等级之分的问题,它意味着军事安全并非始终是国家间关系的首要问题。三是当复合相互依赖普遍存在时,一国政府不在本地区内或在某些问题上对他国政府动用武力。②

显然,复合相互依赖的提出基于 20 世纪六七十年代的国际形势。如前文所述,60 年代末 70 年代初,国际社会表现出越来越明显的相互依存倾向,在

---

① 转引自王杰等主编:《全球治理中的国际非政府组织》,第 72 页。
② 参见罗伯特·基欧汉、约瑟夫·奈:《权力与相互依赖》,北京大学出版社 2002 年版,第 31—38 页。

金融、投资、贸易各领域的联系越来越密切，经济全球化的帷幕拉开；到 70 年代，非国家行为体的活动更加活跃，尤其是非政府组织作为一种整体的力量开始在全球兴起，跨国社会运动也逐渐形成。在这种情况下，某些组织和团体可能会与其他国家的行为体或政府建立直接的交往，从而影响政治行为的模式，并且单个国家已经无法全权处理全球化带来的问题，领域国家的形式和全球化之间的矛盾越来越明显。

　　然而，基欧汉和奈虽然看到历史形势的新变化，看到多元行为体在形塑国际关系中的重要性以及它们所构成的对传统政治行为模式的挑战，但是他们对此的关注仍然在于寻求国际合作如何达成这个传统国际政治问题的答案。因此，在复合相互依赖理论提出之后不久，他们又回到对国际制度的研究，并且在这一过程中，开始接受新现实主义的根本假设，出现了两种理论在某些方面开始趋同的现象。有意思的是，到 90 年代，随着冷战的结束，经济一体化进程进一步深化、全球公民社会逐渐形成并且对世界政治的影响日益增大，基欧汉和奈再次回到对多元行为体——包括政府间组织、非政府组织和多国公司之于国际政治影响的强调上来了。在这一时期的著作中，他们着重讨论了信息革命对国际政治的影响和全球主义的治理问题，他们看到，"这些新技术为非政府行为体创造了机会。信息革命促使倡议网络的潜在影响扩展巨大：传真机和因特网使得它们可以从世界上一个最遥不可及的角落传送信息：从北海的石油平台传送到恰帕斯要塞。1997 年的地雷会议就是一个结盟的例子：网络组织与加拿大等中等国家政府、个人和社会贤达结合起来，引起关注并设置议程。在全球气候变暖的讨论中，非政府组织在各代表团之间穿针引线，成为重要的传授渠道。在 1997 年的京都会议上，环保团体、环保工业与大国争夺媒体的关注，它们的观点建构在非政府科学家的研究发现之上。许多观察家欢呼道：信息革命的成果之一，就是促使非政府组织的新时代到来，人们好像确定无疑地认为，倡议网络和虚拟社群的繁荣拥有巨大的发展机遇。"①

　　虽然他们仍然认为在目前"这些网络的信任是脆弱的"，但毫无疑问，他们坚信在一个信息充斥的世界上，以地域为基础的国家继续构建政治结构的行为将更少地依赖物质资源，而更多地依赖保持信誉的能力，这实际上是回

---

　　① 罗伯特·基欧汉，约瑟夫·奈：《权力与相互依赖》，北京大学出版社 2002 年版，第 268－269 页。

归了"相互依赖"的主题。

"回归"的另一个表现是,基欧汉和奈将全球主义界定为一种"强相互依赖"的状态,认为它是需要有关各方付出代价的、跨国或国际相互联系的、空间广阔的网络;而全球化则是一种进程,它带来不确定性和对治理的需要。在他们看来,只要全球化继续深化下去,国家或其他行为体就会发现,它们的价值观越来越受到他者行为的影响。因此,它们将寻求管理相互依赖的影响,即管理全球化。为此,他们探讨了全球主义的治理问题,并提出了五种全球主义治理的形式:在领土疆界内采取单边国家行动,降低脆弱性;或接受外在标准,增强竞争力;强国或国家集团采取单边行为,以影响领土之外的国家、企业、非政府组织等行为体;区域合作,增强政策的有效性;全球层次的多边合作,建立管理全球化的国际机制;跨国和跨政府合作——包括"公民社会"——以管理全球化。他们强调指出,社会空间是由市场、政府和公民社会组成的三角形,社会的更多方面——但不是所有方面——开始接近于复合相互依赖的理想模式。①

新自由制度主义虽然于世纪末顺应政治现实"重新研究跨国关系"、高度重视以公民社会为基础的非政府组织在国际政治中的作用,但是它对"国家中心论"的反思和批判是极为有限的。基欧汉和奈认为,"许多国家已经出现了多层次的忠诚,新型社区也在演变之中,主权国家体系作为世界的主导结构仍将继续下去,世界政治的内容处于变革之中。"②显然,在他们认识中,非国家行为体只是影响或补充主权国家的行为,其地位是非正式的。

在新自由制度主义与新现实主义趋同的时期,被称为反思主义的非主流各派向主流国际政治理论的挑战也在继续。反思主义包含了许多流派,其共同点在于不承认主流国际政治理论的理性主义基础,强调理论的诠释性、行为体和结构的互构性、互主意义的重要性。比如反思主义的重要派别批判理论的代表人罗伯特·考克斯(Robert Cox)发表论文《社会力量、国家和世界秩序》指出,主流理论是解决问题理论(problem—solving theory),力图解决的是现有社会和权力关系面临的问题,以保证这些关系的存在和正常运转。然而,社会结构是主体间互动的结果,是社会建构而成的。主流理论所谓的像

---

① 参见罗伯特·基欧汉、约瑟夫·奈:《权力与相互依赖》,第311—316页。
② 同上,第316页。

国家这样的给定因素实际上是历史和社会力量所建构的。① 以麦克尔·哈特
（Michael Hardt）和安东尼奥·奈格里（Antonio Negri）为代表的后现代主义
的马克思主义国际政治理论则认为，"后现代主义国际关系理论家们试图通
过解构传统统治阶级设定的分界，强调无规律的、不可控的国际运动和流动，
从而破裂稳固的团结和对立，挑战国家主权。'话语'和'阐释'被展现为对抗
现代主义立场中的刻板制度的有效武器。由此而生的后现代主义分析指向
一种差异性全球政治，一种在一个平滑、没有国家边界的僵硬限制的世界中
实现不限地域的自由流动的政治。"尽管后现代主义理论过于关注旧的权力
形式，这样它很容易跌入新权力张开的臂膀，但是它们表征了一个历史现象：
现代主权已经发生了断裂。② 反思主义无不包含着对现实国际关系的洞见，
但是它一直受到主流学派的漠视，影响不大，这种状况成为社会建构主义国
际关系理论兴起的一个重要原因。

　　建构主义理论产生和发展的最直接动力是国际关系理论领域的主流与
非主流之争，而现实动力无疑来自于冷战的结束及其后国际政治格局的激剧
变化。公民社会和跨国公民社会组织在促成冷战结束的过程发挥了重要作
用，然而，新现实主义和新自由主义都没有预见到这一点，它们甚至没有预见
到这一历史结局，也未能及时对它做出充分的解释，因而其理论合法性受到
极大的怀疑，国际关系的主流理论由此产生了严重的范式危机。其后，随着
东西方僵局的破解，越来越多的跨国合作达成，在此过程中，以全球公民社会
为基础的活动领域对国际政治的影响力越来越大，传统的以国家为国际关系
中主导行为体的现实进一步变化，"国家中心主义"的理论前提更加动摇。

　　1992 年，亚历山大·温特（Alexander Wendt）发表论文《无政府状态是国
家造就的：权力政治的社会建构》，展开了对理性主义所作的国际关系无政府
性假设的批判。文章指出，无政府状态是国家造就的，不是无政府状态创造
国家互动和国家利益的可能性和结构性限制，而是国家之间的互动创造社
会。这种理解奠定了社会建构主义的基本理论构架，即反理性主义和反物质
主义的基本原则，前者意味着国际政治的社会结构不仅仅影响行为体行为，
更重要的是建构行为体的身份和利益；而后者则指明了国际政治的基本结构

---

　　① 参见秦亚青：《权力、制度、文化：国际关系理论与方法研究文集》，第 127 页。
　　② 麦克尔·哈特、安东尼奥·奈格里：《帝国：全球化的政治秩序》，江苏人民出版社 2003 年版，
第 144－145 页。

不仅仅是物质性建构,它更重要的是社会性(文化和观念)建构。显然,温特关注的是国家的互动对无政府逻辑形成和变化的作用影响,国际制度对国家身份形成与国家利益界定的影响、观念和文化的意义和转化等,民族国家仍然是建构主义分析中的主题,但同样明显的是,温特已经逐渐将理论的焦点由理性的利益领域转向了互动领域。这种理论上的转向对于全球公民社会研究的重要意义,正如戴维·坎德勒(David Chandler)所言,"这种以'去国家中心化'(de-centering the state)为主要目标的逻辑以及通过互动和观念来为起调节作用的规范排序的做法,奠定了全球公民社会作为国际关系理论赖以建立的基础这一地位。(因为)一旦国家行为被看作是在互主体地建构它们的利益和身份,重点就在于建立和内在化这些新规范的跨国和国际网络行为上。"[1]

温特的研究虽然还没有给予跨国和国际网络行为直接的关注,但他提出观念结构而非物质结构在建构国家身份和利益过程中的核心意义,实则突出了全球公民社会的存在意义,因为离开非国家行为体的行为,国际领域中的互动无法得到充分解释;而关注观念形成的过程,自然不可忽视全球公民社会在促使观念从个体思想转变为共同规范的过程中所扮演的强有力的角色。对此,戴维·坎德勒写道,"在今天的全球化的世界中,随着跨国联结的出现,效忠于跨国伦理的运动者们被认为能够改变最主要的国家的身份以及利益。"[2]在对 1989 事件的实证考察中,建构主义学者里丝(Risse)和诺普(Ropp)谈到公民社会的作用,"作为 1989 和平革命的可能条件之一的苏联外交政策的转变至少部分地源于这种事实,戈尔巴乔夫领导集团自身严重地受到由跨国行为者和组织所传播的西方自由思想的影响……(东欧的)和平转变是由受到跨国人权网络赋予和加强其主张的波兰和捷克斯洛伐克的持不同政见者带来的。"[3]而凯克(Keck)和辛金克(Sikink)对跨国倡议网络作出的富有影响的研究则恰当地体现了这种相互关系。虽然他们对跨国倡议网络包括国际和国内的非政府研究和倡议组织、地方社会运动、基金会、媒体、教

---

① D. Chandler, Constructing Global Civil Society, in G. Baker and D. Chandler(eds.), *Global Civil Society : Contested Futures*, Routledge, 2005, pp. 151-152.

② Ibid. p. 155.

③ T. Risse and S. C. Ropp, International Human Rights Norms and Domestic Change: Conclusion, in T. Risse, S. C. Ropp and K. Sikink(eds.), *The Power of Human Rights : International Norms and Domestic Change*, Cambridge University Press, 1999, p. 268.

会商会消费者组织和知识,区域和国际政府间组织的有关部门以及政府行政和立法机构的有关部门等无比广泛的内容,但是国内和国际非政府组织仍然是其核心组成部分。更为重要的是,跨国倡议网络的形成是"为了提倡某种事业、道德观念和规范,而且它们的参与者中常常有这样一些人,他们倡导政策变革,而对于理性主义者来说,很难理解他们所提倡的政策变革与他们的'利益'之间有什么联系"[①],这种对道德规范与观念的强调与建构主义理论的核心结构形成了契合。因此,从另一个角度来看,我们甚至可以说,认识到全球公民社会的存在并对它进行相应的研究是建构主义在 90 年代不断发展的动力源,或者说,全球公民社会的发展是促使国际关系理论转型的重要因素之一。

建构主义理论怀疑国家作为国际体系中的理性的利益追求者的身份,同时关注非国家行为体的上升,其理论建构的过程实际上瓦解了理性主义国际关系理论的核心概念,国家主权的观念逐渐丧失了它在国际政治传统中的意义。对此,凯克和辛金克指出,以主权国家为主的国际社会的观念无法满足对当代世界政治体系的分析,引入网络的概念,研究行为体与规范和观念之间关系的变化,有助于弄清这些关系的发展脉络,并最终建立起相关的理论。在关于跨国倡议网络的研究中,他们写道,"环境保护、土著居民、妇女和人权网络向国际活动注入了新的理论,这些理论以多种不同的方式冲击着主权观念。首先,'回飞镖'效应和网络的内在逻辑——即一个国内团体可以通过寻求国际盟友对其政府施加压力,从而迫使其政府改变其在国内的做法——削弱了绝对主权的主张。其次,通过提供与国家所提供的信息相矛盾的信息,网络可以暗示国家有时也会撒谎。非政府组织经常向国际组织提供更加可靠的信息来源,但是,如果国际组织对这些信息做出了反应,特别是这种反应与国家的立场明确矛盾时,那么,国际制度无疑会以它们作为主权国家组织的基础。如果主权是一套通过实践不断加强的、关于国家权力的共同认识和期望,那么,假如这些实践和认识发生变化,主权也应该发生变化。…如果一个国家承认了国际干涉的合法性并迫于国际压力改变其国内行为,那么,国家、公民和国际行为体之间关系的重组就实现了。"[②]

---

① 玛格丽特·E.凯克、凯瑟琳·辛金克:《超越国界的活动家:国际政治中的倡议网络》,北京大学出版社 2005 年版,第 10 页。
② 同上,第 41 页。

虽然凯克和辛金克认为他们关于跨国倡议网络的研究结果本身并不支持会出现全球公民社会的观点,但是很显然,他们的研究本身建立在全球公民社会不断形成这一现实基础之上。正如他们所发现的,非政府行为体所提供的信息是阿根廷和墨西哥这两个国家的人权状况得到全球关注的关键,非政府行为体在跨国倡议网络中发挥着关键性的作用。没有明确接受全球公民社会的概念,而是"更愿意将跨国市民社会作为一个斗争的舞台,一种零散的论战空间",并不妨碍他们准确地捕捉国际关系领域的新变化。正因此,从建构主义理论不断系统化的发展过程中,我们得以看到全球公民社会的发展与国家主权观念变化之间的强大关联性。

在国际政治理论自我调整和发展的过程中,由于"还没有一种国际关系理论能够从总体上准确地描述、正确地解释以及恰当地预测变动着的全球化体系"[1],新的理论获得了成长空间。早在 80 年代,一些学者就开始思考突破以主权国家间关系作为变动着的现实的解释基础的可能性,到 90 年代中后期,取代"国际政治"的新概念"世界政治"或"全球政治"已经获得了相当广泛的认可。这种转变体现了一种新的理论基点,即"我们不应该强调国家的变动以及国家间关系的变动,而应强调公民社会生活(空间)的变动,即社会关系的变动。这种观点才有可能摧毁混乱/秩序、国际政治/国内政治、政治/经济、国家间关系/超国家关系、权力/人道之类的二分法,并在社会各层次之间的关系和复杂的全球社会关系整体的基础上重建这些概念。这种社会变动思想包含着一种必要性,即把国家及国家间关系看作全球社会关系中的一种社会现象。通过这种理解,我们将能克服国家中心的变动观念,或以国家间关系为中心的变动观念。这样,就能抓住将社会各个层次互相连的社会变动了。这将意味着我们的日常生活是全球性的;社会生活存在于全球化的背景之下:社会生活受到全球化的影响。换言之,社会生活的全球化就是社会的变动。"[2]研究视角的这种转变对于国际政治理论的转型有着根本性的意义。修尔特明确指出,"国际关系是疆域间的关系,而全球性则是超疆域的关系。国际关系是有距离的跨疆界交往,全球关系是无距离的超疆界交往。因此,全球经济不同于国际经济,全球政治不同于国际政治,以此类推。国际性的

① 星野昭吉:《全球政治学:全球化进程中的变动、冲突、治理与和平》,新华出版社 2000 年版,第 23 页。
② 同上,第 24—25 页。

基础是疆域性空间,全球性超越了这种空间。"①据此,全球政治是一个覆盖面更大、更具根本性的概念,而国际政治作为主要的次体系,指的是全球体系中的国家间体系。

随着社会结构的变动和全球公民社会的日益壮大,国际政治研究向全球政治研究的转向已经是一个可以预测的、不可避免的进程,只是,当前的全球政治研究还没有形成系统性的理论构架,它最大的成果应该是"全球治理"理论的形成。那么,全球治理理论又是如何超越传统国际政治理论(现实主义、自由主义和建构主义)来看待这个变动的世界呢?下文将在简要评介全球治理理论的过程中,进一步分析全球公民社会在全球治理的实践过程及理论建构中所扮演的重要角色,以及这一角色之于国家主权的现实和潜在影响。

二、分散的权威:治理结构中的全球公民社会

全球治理理论的提出为我们进一步认识全球公民社会之于国家主权的影响提供了理论平台。这种论断至少可以基于以下两个方面的原因而成立:一是全球公民社会是推动全球治理理论形成的最重要的原因之一,同时也是全球治理理论的核心支柱之一;二是全球治理理论虽不必然主张取消国家主权,但它或多或少对国际政治和国内政治中的"国家中心主义"形成了挑战,基本上是一个置疑主权地位的理论形态,而这种理论核心的形成离不开对全球公民社会作用的充分认识。

对全球治理的讨论是对治理的讨论的延续。治理始见于 1989 年世界银行在其报告中使用"治理危机"(crisis in governance)一词来概括非洲的情形;其后,1992 年世界银行年度报告讨论了"治理与发展"问题;1996 年经济合作与开发署的年度报告题目是"人类可持续发展的治理、管理的发展和治理的分工";联合国教科文组织在 1997 年发表了一份名为"治理与联合国教科文组织"的文件;《国际社会科学杂志》1998 年第 3 期出版了名为"治理"的专号。其后,联合国有关机构成立了"全球治理委员会",并创办了一份名为《全球治理》的杂志;1999 联合国成立 50 周年之际,全球治理委员会发表了题为《天涯若比邻》的长篇报告,阐述了公民社会和改善世界经济管理对于全球治理的

---

①   J. A. Scholte, *Globalization: A Critical Introduction*. St. Martin's Press, 2000. p. 49.

重要意义;在 2000 年联合国千年大会秘书长所作的报告中更是全面阐述了全球治理问题。在新千年的开端,全球治理风靡全球。

从上可见,治理理论在全球的扩散与国际组织尤其是世界银行和联合国的极力推广有极大关联性,但更为重要的是,这一概念及其理论范式极大地契合了全球化进程中国家转型的必要性和迫切性,既有利于对国家的变动做出恰当理解,也有利于把握国内和国际非政府行为者的上升现象。根据约翰·皮埃尔(Jon Pierre)和盖伊·彼特(Guy Peter)的研究,治理的兴起总体上体现了这样一个事实,即国家既不再垄断专家技术,也不再独占统治所必需的经济或制度资源。[①] 具体而言,它至少与八个变动中的因素相关,它们分别是,一,国家能力尤其是财政汲取能力的下降;二,全球意识形态朝向市场的转变;三,全球化进程使国家自主性下降;四,80 和 90 年代的政府失效;五,新公共管理改革使国家减少了对组织的管制,更多的强调评估和绩效;六,社会变革及不断增加的复杂性,其中后物质的议题变得尤其重要;七,治理的新资源出现,比如国际组织和区域性组织;八,传统政治责任性的合法性受到置疑。[②] 皮埃尔和彼特归纳的八个方面的因素可以简约为两个方面的内容,即:一,治理的兴起是对国家批判的逻辑反应;二,治理的兴起同时也是社会力量成长的必然结果。

从公民社会理论的角度来看,公民社会的发展壮大则成为治理兴起的一个核心要素,正因为公民社会在不断上升,战后国家社会化和社会国家化的状况才得以改观,国家与社会(市场与公民社会)的相互型塑才有可能。马丁·休伊森(Martin Hewson)和蒂莫西·辛克莱(Timothy J. Sinclair)在《全球治理理论的兴起》一文中着重谈论了全球治理的形成原因,他们提出,"之所以出现全球治理概念的诸多应用,原因在于人们试图为分析全球变革提供一个更全面和整体性的研究方法",而全球变革的特征主要表现在四个方面:一是一体化和碎片化并存背景下权威位置的迁移;二是全球公民社会(事实上或潜在意义上)的出现;三是在当前全球政治经济的重组过程中,G7 集团中的学界、商界和政界精英发挥着关键作用;四是全球技术变革。另外,全球治理的兴起与国际规制和世界组织的发展相关。就前者而言,我们正步入一个国际规制总体数目激增的时期,但是,规制数目无论如何增长,它都是一种非

---

① J. Pierre,G. Peter,*What Is Governance*,Macmillan Press Ltd,2000,p. 68.
② Ibid. pp. 52-69.

均衡的"补丁模式",而非一种设计和组织良好的国际治理体系,而全球治理的概念为克服国际规制理论中的瓶颈提供了一种创新方法。它是将规制纳入到更广治理体系中的再思考,要求重新调整考察国际政策协调模式变革的视角。就后者而言,全球治理概念是改革世界组织活动的一个重要标志,这种对全球治理兴起的原因分析"强调全球公民社会在全球性组织复兴中的重要性。以革新全球性组织为目的的社会民主项目,含有把它们嵌入全球公民社会框架之中的重新设计"。[①]

　　具体到什么是治理,皮埃尔和彼特认为,它是在重新定义一个与政府本身一样古老的现象,体现了不仅通过政治机构而且也通过超越公共性的其他安排来实现对集体利益的追求。当前的新治理是一种使当代国家与当代社会相联结的策略。[②] 这种理解类似于将治理看作是"政府与社会力量通过面对面合作方式组成的网状管理系统"[③]的认识。而全球治理委员对治理的定义则最为简明:"治理是各种各样不同的个人、团体——公共的或个人的——处理其共同事务的总和。这是一个持续的过程,通过这一过程,各种相互冲突和不同的利益可望得到调和,并采取合作行动。这个过程包括授予公认的团体或权力机关强制执行的权力,以及达成得到人民或团体同意或者认为符合他们的利益的协议"[④]。我国学者俞可平在综合各种有关治理的理解后指出,随着公民社会组织的发展壮大,由公民社会组织独自行使或它们与政府一道行使的社会管理过程,便不再是统治,而是治理。在统治中,国家占据权威地位,它的权力运行方向总是自上而下的,它运用政府的政治权威,通过发号施令、制定政策和实施政策,对社会公共事务实行单一向度的管理。而治理是一个上下互动的管理过程,它主要通过协商、伙伴关系、确立认同和共同的目标等方式实施对公共事务的管理,其实质在于建立在市场原则、公共利益和认同之上的合作。它所拥有的管理机制主要不依靠政府的权威,而是合

---

　　① 　参见马丁·休伊森和蒂莫西·辛克莱:《全球治理理论的兴起》,载俞可平主编:《全球化:全球治理》,社会科学文献出版社 2003 年版,第 32—54 页。

　　② 　J. Pierre,G. Peter,*What Is Governance*,pp. 51-52.

　　③ 　D. F. Kettl,*Sharing Power：Public Governance and Private Markets*,Washington D. C. Brookings Institution,1993,pp. 21-22.

　　④ 　英瓦尔·卡尔松、什里达特·兰法尔主编:《天涯成比邻:全球治理委员会的报告》,中国对外翻译出版公司 1995 年版,第 2 页。

作网络的权威,其权力向度是多元的、相互的而不是单一的和自上而下的。①

　　由此可见,治理是一种公私合作管理社会公共事务的方式和过程。也因此,治理理应是一个可以被应用于多层次分析的概念,它既可用作分析地区和国家层面的治理,同样也可用作分析区域和全球层面的治理。辛西娅·休伊特·德·阿尔坎特指出,治理一旦被运用于分析全球化和跨国组织领域,就出现了全球治理。② 全球治理是一个极具包容性的概念,在某种意义上,它甚至涵盖了其他层次的治理机制,因为离开区域、国家和地方的治理,全球治理的实现几乎是空想。托尼·麦克格鲁明确将全球治理定位为多层次的治理体系,认为,"多层全球治理指的是,从地方到全球的多层面中公共权威和私人机构之间一种逐渐演进的(正式与非正式)政治合作体系,其目的是通过制定和实施全球的或跨国的规范、原则、计划和政策来实现共同的目标和解决共同的问题"③。而全球治理与治理在本质是一致的,它们的目标都在于建立一个多元权威的政策网络。赫尔德指出,"全球治理不仅意味着正式的制度和组织——国家机构、政府间合作等——制定(或不制定)和维持管理世界秩序的规则和规范,而且意味着所有的其他组织和压力团体——从多国公司、跨国社会运动到众多的非政府组织——都追求对跨国规则和权威体系产生影响的目标和对象"④。我国学者蔡拓则详尽分析了全球治理的要义,他认为,治理意味着:一是从政府转向非政府;二是从国家转向社会;三是从领土政治转向非领土政治;四是从强制性、等级性管理转向平等性、协商性、自愿性和网络化管理。总之,全球治理体现了一种全新的权力关系和管理规则,它体现了权力主体的平等性、管理过程的协商性、管理的自愿性以及管理的网络化。⑤

　　很明显,"作为一种分析方法,全球治理拒绝有关世界政治和世界秩序的以国家为中心的传统概念。主要的分析单元,则是制定与执行权威性规则的

---

　　① 俞可平:《治理与善治引论》,载俞可平编《治理与善治》,社会科学文献出版社 2000 年版,第 1—15 页。

　　② 辛西娅·休伊特·德·阿尔坎特:《"治理"概念的运用与滥用》,载俞可平主编《治理与善治》,第 26—27 页。

　　③ 托尼·麦克格鲁:《走向真正的全球治理》,载俞可平主编《全球化:全球治理》,第 151 页。

　　④ 戴维·赫尔德等着:《全球大变革:全球化时代的政治、经济和文化》,社会科学文献出版社 2001 年版,第 70 页。

　　⑤ 蔡拓:《全球治理的中国视角与实践》,载《中国社会科学》2004 年第 1 期,第 95—98 页。

全球的、区域的或跨国的体系"①。星野昭吉指出,即使是以合作者的姿态参与国家治理和全球治理,全球公民社会从本质上仍是否认国家的优越地位或其主权性的。②它所提出的激进的自主、自治、权利、民主等信念和口号,都意味着要分散决策权、弱化集中的政治权力。

相对于已经关注到全球公民社会正扮演着"去国家中心化"角色的建构主义国际关系理论而言,全球治理理论无疑进一步肯定了全球公民社会的作用和地位:全球公民社会不仅影响国家主权,而且要求分散主权;它不仅要求"去国家中心化",而且要求上升为能与国家合作的享有一定权威的主体。在赫尔德和麦克格鲁的理论中,全球治理是多层次的,经由并通过超国家机构、区域的机构、跨国的机构和次国家的机构这些全球治理基础设施在结构上相互穿插而形成;它是多元的,不存在单独某个权力中心。虽然这并不就是说所有参与者的权力是平等的,但却承认政治权力完全被分散了。③这种认识上的跨越具有重大的意义,它至少表明在新的理论分析框架中,全球公民社会不再只是作为影响因素而存在,在某种意义上它已经成为一种决定性的力量,尽管其决定性作用在目前仍然是脆弱的。对此,赫尔德的态度是为我们所认可的,他在多处强调指出:"如果社会运动、非政府组织、区域性的政治组织等被排除在全球治理的含义之外,那么,全球治理形式的动力将得不到恰当的理解。"④全球治理的前提条件在于治理的基础设施发育成熟,而全球公民社会是与政治体系和私营部门相并存的治理的三大基础设施之一。

但是,权威的分散并不等同于主权的弱化甚或消亡。基欧汉和奈在《论治理的责任性》一文中提出,在世界政府不存在的情况下,治理可能表现为四种模式。一是"国家中心主义"的治理。这种经典的政治科学的治理模式围绕国家展开,以具有两面性的主权概念为核心。主权使国家免于其他国家的干涉。因此,在国际层次上,国家主义模式关注在缺乏世界政府的无政府环境中的国际竞争,当不平等的权力纵容一些国家限制另一些国家时,治理就会发生。主权同样意味着内部的治理权威,因而是自治的。在这种模式中,

---

①　戴维·赫尔德、安东尼·麦克格鲁:《治理全球化:权力、权威与全球治理》,社会科学文献出版社 2004 年版,第 14 页。

②　星野昭吉:《全球化时代的世界政治:世界政治的行为主体与结构》,社会科学文献出版社 2004 年版,

第 177 页。

③　戴维·赫尔德、安东尼·麦克格鲁:《治理全球化:权力、权威与全球治理》,第 14—15 页。

④　戴维·赫尔德等着:《全球大变革:全球化时代的政治、经济和文化》,第 70 页。

国家对内和对外的自主性是民主治理的基础。二是"国际组织"的模式。该模式存在多点治理权威,其核心问题在于代表性;三是"跨国行为者"模式,非政府行为者在这种治理模式中能够通过市场权力或关注他们影响所及的议题领域而获得权威。但是这种模式不能独立存在,因为非政府行为发生在国家行为创造的框架之内;四是"政策网络"模式。在这种模式中,政策不是组织实体的决策结果,而是网络行为者之间讨价还价的结果。这种治理体现出组织间相互依存、网络成员间持续互动、游戏式的互动以及在某种程度上明显独立于国家自主性等特征。① 约翰·皮埃尔和盖伊·彼特同样关注治理结构中国家的角色,他们的研究结果表明,当前存在两种不同的关于民族国家未来的结论,一种结论认为国家权力和控制的不同的转移是国家衰落的不可扭转的进程。在这种视角中,国家将重新缔约直到仅保留少量核心的社会功能。另一种结论则积极地看待国家的未来。因此,当前的发展最好被解释为国家针对其外部环境的转换和成功适应,而非国家衰落的迹象。新治理事实上可以化约为对"如何组织对共同利益的追求"的不同替代模式,它可以被理解为不同的政治和制度安排。② 具体而言,新治理可能表现为三种场景。在第一种治理场景中,国家仍是治理的强有力的中心。诸如全球化、去规制化、私有化和不断增长的次国家权威的出现都是国家实施其权力而产生的结果,更重要的是,这些变化并没有解除国家的能力。它们是国家引入和实施的,并且,国家依然拥有使这些变化倒转的正式的、强大的权力和能力;在第二种治理场景中,国家允许其他治理主体发展。国家在某些领域回缩并且允许次国家的、国际的机构和行为者获得重要性;第三种治理场景是社区主义、协商民主和直接民主的。这种治理场景主张以小单位治理取代大规模的治理,它认为最合适的治理基础是"社区"(community),尽管社区这一概念是开放性的。它同时强调应对决策机制进行改革,以使普通公民能够充分影响政策过程。

无论是四种模式还是三种场景,每一种模式或场景都是一种理想类型,但它们都不是简单的、可替代的关系,而是有层次的、交叉重叠的。现实中的治理是多种治理模式或场景的复合体,在不同的领域层次和事务上体现出不

---

① R. O. Keohane, J. S. Nye, Jr. Redefing Accountability for Global Governance, in *Governance in Global Economy: Political Authority in Transition*, Princeton University Press, 2003. pp. 394-396.

② J. Pierre, G. Peter, *What Is Governance*. pp. 95-96.

同的治理倾向。① 星野昭吉和罗西瑙的广为人知的二元论则更为简明地展现了全球治理的图景。星野昭吉通过考察全球治理主体的多样性,得出结论说,"这一切都表明全球治理由两个层次的全球治理构成:国家中心治理与非国家中心治理,具体地说,就是全球市民社会治理。"②罗西瑙提出了"多中心世界的两极格局"理论,他认为,这个新的世界由"主权限制"行为体组成的国家中心世界,以及与之相脱离并竞争着的以"无主权限制"为特征的集合体两部分组成。前者构成全球治理中的政府治理结构,而后者则构成"没有政府的治理"结构。因此,在罗西瑙的理论中,"没有政府的治理"并不意指政府退出了全球治理领域,而是指在国际体系之外还存在着另一个治理体系,这对于维持全球体系是不可缺少的。

因此,那种认为治理必然削弱国家主权的观点并不必然是合理的。治理在某些方面或许分散了主权,但在另外的方面它又可能强化了主权。事实上,这已经不是一种理论上的预设,而是现实政治中的一种客观存在。在所谓的"低级政治"如环境、传染病、经济等领域,大多数国家以积极的态度自愿地参与到全球治理中来;而在"高级政治"如权力、和平和安全领域,国家的自主性并没有减弱。基本上所有的全球治理理论者在国家主权问题上都表现出犹豫心理,一方面强调主权现在变成了"有条件的"、"受制约的"、"国家主权的减退是当今世界的一大潮流",另一方面又强调国家主权"在自身领域中仍占主导地位"。全球治理委员会对治理结构中国家主权的描述就体现出这种含糊性。罗纳德·J. 格罗索普(Ronald J. Glossop)的一篇针对1995年全球治理委员会所发表的报告的文章充分道明了他对这种含糊性的强烈批评态度。格罗索普指出,报告的题目《我们的全球之家》表明一种新的全球观已经被视为一切所讨论的事情的基础,但是报告中的大部分内容却表明国际主义视角仍然具有主导性的影响。比如,报告指出,曾经被视为主要关注政府间关系的全球治理现在不仅涉及政府和政府间的制度,还涉及非政府组织、市民运动、跨国公司、学术界和大众传媒。全球公民社会的兴起与加强人类团结意识的许多其他运动一起反映了人们把握自己命运的愿望和能力的大幅增加。这种表述清楚的展示了全球视角。并且,报告指出,在这个相互依存

---

① See J. Pierre, G. Peter, *What Is Governance*, Part Ⅱ. pp. 71-160.
② 星野昭吉:《全球化时代的世界政治:世界政治的行为主体与结构》,第293页。星野昭吉的"全球市民社会"概念是二分意义上的,包括非政府组织、跨国行为体、国际管理、次国家行为体及其他行为体等极其广泛的构成。参见同前页。

不断增强的世界里,某些领域必须集体行使主权,尤其是涉及全球公共问题时,这似乎意味着应该削减国际主义中不受限制的主权以适应全球主义的发展。但是,报告接着又写道,国家仍然是主要行为体,但必然与其他行为体合作。尽管联合国扮演了一个极其重要的角色,但也独木难支。全球治理并不意味着世界政府或世界联邦主义,主权政府不能走得太远。就此,我们似乎又未真正超越国际主义。主权国家仍将是主要角色,完全垄断政治和军事权力。①

同样,赫尔德等全球治理主义者在指出全球公民社会等非国家行为体对国家主权的挑战时,总是不忘强调国家主权在现在和未来全球政治中的重要性。他们从来都认为,全球治理分散了主权权威、弱化了国家主权,但这却并没有否定国家主权存在的重要意义。全球治理有一个可变的几何形状,该体系在结构上是复杂的;各国政府绝不是说就被该体系推到一边去了,它们的作用反而越来越重要,因为它们是把这些不同的治理基础设施缝合在一起的、对国家之外的管制加以合法化的战略之地。② 用鲍勃·杰索普的语言来表达,在治理之中构建一个能够承担设计机构制度、提出远景设想的“自组织的组织”是必要的,它不仅能够促进各领域中自组织的活动,还可以协调多种自组织的不同目标、过程和结果。杰索普称之为“元治理”,它包括制度和战略两个方面:“制度上它要提供各种机制,促使有关各方集体学会不同地点和行动领域之间的功能联系和物质上的相互依存关系。在战略上元治理促进建立共同的远景,从而鼓励新的制度安排和新的活动,以便补充和充实现有治理之不足”③。杰索普的“元治理”概念突出了国家作为治理的各子系统实现某种团结的主要组织者、规章制度的制定者,以及各子系统失败时最后求助者的角色,从而肯定了国家在治理中的不可替代的作用。

罗纳德·J.格罗索普对全球治理理论之于国家主权的不彻底态度的批评是一针见血的,然而,无论是全球治理委员会还是赫尔德和杰索普等学者,他们对全球治理中国家主权作用的认识却是更加务实的。在目前的情势下,我们还无法实现一个格罗索普所梦想的全球政府,而缺乏统一的全球权威便意

---

① 罗纳德·J.格罗索普:《全球治理需要全球政府》,载俞可平主编《全球化:全球治理》,第136—169页。

② 戴维·赫尔德等着:《全球大变革:全球化时代的政治、经济和文化》,第70页。

③ 鲍勃·杰索普:《治理的兴起及其失败的风险:以经济发展为例的论述》,载俞可平主编《治理与善治》,第79页。

味着"无政府性"仍是全球社会的基本特征,这样,杰索普的"元治理"之于全球治理就是不可缺少的。另外,尤其值得重提的是,作为对自由主义的批判,黑格尔所提出的"国家高于市民社会"的理论架构无可争辩地道明了公民社会的不自足性。公民社会是一个由机械的必然性所支配的王国,撇开国家来看公民社会,它就只能在伦理层面上表现为一种无政府状态,而非由理性人构成的完满状态。治理理论虽然不再重申这一点,并且它的出发点更在于如何使非国家行为体在某些领域取得与国家合作的地位以共同管理全球化,而很少涉及对非国家行为体本身问题的讨论,但是,治理的理论预设之一无疑是已经肯认了社会的不自足性,并且同意需要外力来对公民社会加以保护和调节。正因此,在缺乏世界政府的前提下,全球治理一方面强调全球性,一方面又强调主权性,表现出格罗索普所批评的理论上的含糊性。然而,从总体上来看,治理理论突出的实际上是公私合作而非任何一方的至高无上性,正如库伊曼(Kooiman)所言:"不论是公共部门还是私人部门,没有一个个体行动者能够拥有解决综合、动态、多样性问题所需要的全部知识与信息,也没有一个个体行动者有足够的知识和能力去应用所有有效的工具"[1]。因而,作为一个既强调公共政策制订中的纵横协调也强调多元和不统一的概念,治理实质上要求国家权威的分散化,然而却不欲取代它,换言之,全球公民社会与国家中心治理之间不存在一种相互排斥的关系。[2]

正如基欧汉和奈一再强调的,与其说新治理反映了国家主权的衰落,不如说体现了主权的强大适应性和回应性。治理一方面要求国家回缩以适应全球主义的要求,一方面要求国家继续扮演规则提供者和秩序维护者的强大角色,在进与退之间虽然存在骑墙之势,但这也正体现了国家的传统自治性和自主选择能力。有学者正确地指出,除非将主权看作一个动态的发展性概念,否则全球治理理论之于国家主权的态度得到不到合适的理解。事实上,国家主权是一个因变量,它从来不是僵硬和不可变通的,国家能够对主权进行有意识地自我限制和合理让渡,从而使主权获得新的发展形式,而并不损毁主权。著名学者威罗贝曾指出,"在理论上,国家可以在任何程度上将其权力的行使委任给其他公共的团体,或甚至给其他国家;因此,在事实上,它可

---

① J. Kooiman,Governance and Governability:Using Complexity,Dynamics and Diversity. in J. Kooiman(ed.),*Modern Governance* , Sage,1993. p. 4.

② S. Turner,Global Civil Society,Anarchy and Governance:Assessing an Emerging Paradigm,in *Journal of Peace Research* ,Vol. 35,No. 1,1998. p. 39.

能只保留极少一些余下活动归自己指挥,而不损害其主权。国家在本质上的统一性因而不受破坏。"①据此,我们可以说,全球公民社会的成长虽然促成了全球多中心、多层次治理的产生,但从治理理论的视野来看,这些都不等同于认为国家主权已经不再重要,不等同于现在已经是摆脱"国家中心主义"而畅想"社会中心主义"的时候,总之,主权仍然是治理结构中的核心特征。

三、主权的终结:哈贝马斯的"世界公民社会"理论

国际政治和全球治理理论关注全球公民社会之于国家主权的影响,这种关注主要是当下的,即它们侧重于描述和分析全球公民社会对现实国际关系和全球体系的影响,并且,它们虽然认为全球公民社会的上升在某种程度上限制或削弱了国家主权,但仍肯认国家主权是有生机的,在未来的政治发展中,国家仍将发挥强大的作用。但是,另一种极富影响的观点对主权的未来并不抱有如此乐观的态度。比如,简・阿尔特・修尔特认为,国家虽然在资本主义的全球化进程中仍然起着关键性的作用,但传统的国家主权确实已经过时了②;雷蒙德・弗农也说,经济上的相互依赖和全球经济一体化,使民族国家成为一个"时代的错误",主权已经陷入困境并日趋过时,民族国家对经济的管理职能将由跨国公民等非国家行为体取代。更为激进的观点强调社会力量的继续上升必然会导致国家主权的"消亡"或"终结"。罗伯特・赖克指出:"我们正在经历一场变革,这场变革将重新安排即将到来的世纪的政治和经济。到那个时候,将不存在国家的产品和技术,不再有国家的公司或国家的工业。届时将不再有国家的经济,至少是像我们所了解的那样的概念。"③

主权过时论、消亡论和终结论的共同特点在于,它们以悲观的态度对待主权国家的未来发展,至于主权国家终将走向何处,它们即使没有给出明确

---

①　威罗贝:《国家的性质的研究》,转引自邓正来编:《王铁崖文选》,中国政法大学出版社 1993 年版,第 366 页。

②　J. A. Scholter,Global Capitalism and the State,in *International Affairs*,1997(7):73. pp. 427-452.

③　罗伯特・赖克:《国家的作用:21 世纪的资本主义前景》,上海市政协编译组、东方编译所译,上海译文出版社 1998 年版,第 1 页。

的回答,也都倾向于认同一个全球公民社会在未来历史中的重要意义。比如,达仁道夫在研究现代社会的冲突时曾经指出,冲突是迈向文明和最后迈向世界公民社会的进步源泉。他说,"在所有重要的事情当中,最为重要的事情是帮助世界上迄今为止被忽视的地方的人们,找到通往自由的公民的道路。这些国家的公民不仅需要较大的经济供给,而且也需要公民身份地位的充分的应得的权利,二者必须在各种各样的协会和自治机构里确定下来",而除非我们把各国的公民社会理解为通往一个世界公民社会道路上的一些步骤,否则,它们将不会维持长久。① 虽然达仁道夫还不是一个世纪末的全球公民社会论者,但他关于世界公民社会的观点无疑已经成为全球公民社会的一种理论支撑。

对主权国家终将消亡于全球公民社会的最富有影响的研究仍然是现代公民社会理论的开创者哈贝马斯做出的。哈贝马斯关注全球政治的发展,他对全球变革之于民族国家及其主权的影响的研究得出了三个基本结论:一是全球化使国家主权面临着空前的挑战;二是必须以一种进取型的态度超越民族国家;三是国家主权将终结于"世界公民社会"。

哈贝马斯在对民族国家与社会权利关系的讨论中指出,早期民族国家建立的将公民的法律地位与其民族文化的归属感联结在一起的、以公民资格为基础的政治交往模式,很快受到了多元文化和全球化的双重挑战。他写道,"在我们今天所生活的多元社会里,充满了日常生活的惯性,它们与一个由同根文化民族构成的民族国家的理想模式越来越远。文化生活方式,民族群体,宗教信仰和世界观等越来越多元化……所以共和主义必须学会自力更生。其关键在于,民主化过程同时也能承担促使一个分化越来越深的社会走向一体化的任务。在一个文化和世界观多元化的社会里,不允许把这种政治所承担的重任由政治意志形成和公共交往的层面上推卸到似乎已经一体化的民族的自发基础上去。因为在这样一种表象背后隐藏的是主流社会的文化霸权。"②因此,多少已经一体化的民族为其法定公民资格所奠定的文化基础在新的情况下必须获得改变,以防止政治文化与主流文化合流的现象产生。这就要求不同的文化,民族,宗教信仰所带来的生活方式应该能够共生

① 拉尔夫·达仁道夫:《现代社会冲突:自由政治随感》,中国社会科学出版社会 2000 年版,第246 页。
② 尤尔根·哈贝马斯:《欧洲的民族国家:关于主权和公民资格的过去与未来》,载《包容他者》,上海人民出版社 2002 年版,第 137—138 页。

并存,政治文化应该得到来自不同文化背景的所有公民的承认。哈贝马斯进而指出,"只有当民主不仅体现为自由主义的自由权利和政治参与权利,而且也体现为社会参与权和文化参与权,多元文化社会才能通过这样一种长期保存下来的政治文化加以维持。公民必须懂得,即便在社会安全和不同文化生活方式的相互认同中,他们的权利也是具有使用价值的。如果民主制度下的公民资格能够成为实现各民族的理想生活方式的机制,那么,它就可以成为团结一切外来者的一体化力量。"①哈贝马斯认为战后建立起来的社会福利国家揭示了这一视角,由此将讨论的焦点转向福利国家。

在哈贝马斯的理论中,福利国家是二战后欧洲狂热的民族主义源泉枯竭、有利而宽松的政治条件得以形成的产物。在冷战中,欧洲国家都缺乏独立自主的外交政策,领土之争不在议题之内,社会内部冲突已不能向外转移。因而,一国内部的冲突和矛盾成为国内政策的优先考虑对象。这为建立和平地解决阶级冲突的社会福利国家创造了条件。在战后几年的时间里,社会保障系统逐渐建立起来并不断扩大,平等政治初步得到实施,公民的法律地位也逐步得到了改善。福利体制的建立让公民充分意识到基本权利的实现是社会的首要问题,这是哈贝马斯关注的核心内容。他指出,将基本权利作为社会的首要问题意味着公民组成的现实民族要比同胞组成的想象民族来得重要。也就是说福利国家实际上找到了解决民族国家二重性的有效途径,历史共同体的命运不再具有与法律共同体命运相当的分量。不仅如此,在福利国家中发展起来的权利系统提升了私人自律和公共自律在生活方式的再生和改善过程中的相互依存关系。哈贝马斯写道:"只有在恰当地使用其公民权利时,他们各自的私人活动范围才能得到公平的划分。而且,只有拥有一个不受侵犯的私人领域,他们的政治参与才能有效地得以实现。"②遗憾的是,哈贝马斯指出,福利国家中长期发展而来的这种辩证关系在当今已经陷于停滞状态。全球化进程改变了传统民族国家的生存环境。全球化提出的一些新问题都不是局限于民族国家范围内,通过采取主权国家间达成协议的形式所能解决的因此,有必要建立和扩大具有较强政治行为能力的跨国组织,现在我们已经看到了这种发展趋势。并且,全球化还带来了一种"世界舆论"形成的前景。一些新型的国际组织,如"绿色和平组织"和"大赦国际",已经开

① 尤尔根·哈贝马斯:《欧洲的民族国家:关于主权和公民资格的过去与未来》,第138—139页。
② 同上,第140页。

始显露其在动员和促进超越地区和国家舆论建立方面所起的重要作用。种种迹象表明,人类开始超越民族和国家的界限,使各个国家都必须在对内政策上鲜明地被纳入一个负有世界义务的国家共同体的有约束力的合作过程。

全球化对民族国家主权的冲击和挑战只是哈贝马斯探讨世界公民社会的起点,对他而言,更重要的在于这种冲击和挑战将把民族国家带向何处。他考察了新自由主义者和本土论者的应对方案,认为出路应该在两种主张之间,但它又不是当前西方中左政治正在实施的"第三条道路"。哈贝马斯认为,"第三条道路"看似一种中间选择,实际上却已转向了自由主义的路线,"纵然不说这种道德观点是从自由主义那时借用来的,而就在公众的知觉中玛格丽特·撒切尔与托尼·布莱尔之间的区别已经变得模糊了这一点而言,我们不难发现其原因主要在于这种最新的左派已融入新自由主义的伦理的观念世界。我在此指的是那种准备采取'以世界市场为导向的生活形式'的伦理态度,它指望全体公民投入到培养'他们自己的人力资本事业'中去。"① 真正的"第三条道路"应该是"进取型的"。它面对全球化的挑战所持的是一种积极的态度;不是将政治置于一种以市场为整合的世界社会的绝对命令之下,而是将政治置于市场的逻辑之前:"市场机制的逻辑的'激荡'范围应有多大,在什么地方和在怎样的框架内市场应起'统治'作用,这在现代社会中归根到底是由审议制的政治决定的。"② 由政治规制市场走向是必须的,但是全球性的政治实践已表明,此项任务不可能在民族国家的层面上完成,哈贝马斯进而指出,"如果社会福利国家不想徒有其名,社会下层要想免遭彻底隔离,就必须建立起跨国行为主体。只有像欧洲共同体这样的跨国政体,才能按照协调一致的世界内政模式来对全球系统施加影响。"③ 因此,必须引进世界范围内的政治意志构成因素,保证其政治决策的约束力,将国内民主扩大到国际范围,借助各政治实体的公民社会和政治舆论,形成世界性的强制互动意识。只有这样,才能使公民的要求转变为对内政策形成观念压力,才能使具有全球行动能力的行为者的自我意识发生变化,才会使其日益把自己视为一个相互合作和相互兼顾利益的共同体成员。

在哈贝马斯看来,一种将所有人结合起来、所有民族和种族平等和谐地

---

① 尤尔根·哈贝马斯:《在全球化压力下的欧洲民族国家》,载《复旦学报》2001年第2期,第118页。

② 同上,第118页。

③ 尤尔根·哈贝马斯:《欧洲是否需要一部宪法?》,载《包容他者》,第183—184页。

生活于其中、所有人都享有民主自由权利的世界公民社会必将取代民族国家;并且,这是一个区别于康德式世界公民社会的可欲求的目标。哈贝马斯认为,康德曾提出的应制定国际法来调整国际关系、国与国之间的法治状态必须通过建立合法的国际组织来保证的观念是以威斯伐利亚和约形成的国家体系和古典国际法为基础的,全球化已经使这种古典法存在的根本前提,即国家主权神圣不可侵犯和内政与外交的绝对区别成了问题。他说,"康德的这种世界公民观念,如果不想丧失与已经发生彻底变革的世界局势之间的联系,就必须加以重新描述。"①哈贝马斯对康德观念的修正主要体现在对公民权利的规定上,他提出,公民权利必须超过作为国际法主体的各国政府,并将这种权利落实到作为个人的法律主体的头上,使个人享有不可剥夺的自由、平等的权利,而且世界公民权利必须加以制度化,并对所有政府都有约束力。这一设想将使每一个个体,既成为世界公民,也成为国家公民;而由于个人在国际共同体中获得了直接的法律地位,国家就转变为享有有限权利的、具有国际和民族双重职能的法人。

哈贝马斯指出,如今世界组织几乎将所有国家都囊括到了它的名义之下,康德曾经设想的自由国家联盟扩展的过程几近完成,一个"世界社会"(Weltgeselllschaft)正处于萌芽之中。同时,全球化使世界发生了分裂,危险已经在诸多领域显露出来,这些危险的全球化,早已在客观上将世界联结为一个非自愿的风险共同体。② 虽然世界公民社会还没有完全实现,但是我们已经在路上。而对于这一理想的最终达成,哈贝马斯认为主要取决于三个方面:一,得到普遍公认的世界公民法;二,一个世界公民的政治法律共同体;三,该共同体所拥有的执行权力或执行暴力。世界共同体及其执行力的形成是相对较易于操作的层面,比如当今的联合国,它虽然还不是一个哈贝马斯意义上的政治共同体,但是哈贝马斯实已将其作为一种理想共同体的雏形。在一些文章中,哈贝马斯也已展开了对联合国改革方案的设想。对于第一个方面,哈贝马斯则以协商民主理论做出了回答。

哈贝马斯的"世界公民社会"理论描绘了人类社会的前景并且指明了达成这一理想的可能途径,该理论虽然不能对主权国家造成现实的影响,但它

① 尤尔根·哈贝马斯:《论康德的永久和平观念》,载《包容他者》,第 205 页。
② 以上论述详见尤尔根·哈贝马斯:《论康德的永久和平观念》,第 206－214 页。同时可参见章国锋:《关于一个公正世界的"乌托邦"构想》,山东人民出版社 2001 年版,第 194－198 页。

对国家主权观念的冲击却是不可否认的。在全球化时代,对全球公民社会的憧憬因为哈贝马斯的理论而更加具有吸引力,这不仅因为该理论构想了通往未来世界的程序原则,而且因为该理论对国家展开了深刻的批判。然而,这一理论也遭受到众多的怀疑,世界公民社会所赖以建立的条件被一些学者认为是不可能达成的。比如,我国学者张汝伦认为,"在今天的世界上,这三个先决条件一条也不具备"[①],另有学者针对第一个条件谈到,虽然商谈在理想上能够促使规则的达成,但是在一部用以规制交往行为的世界公民法形成以前,有效的交往与商谈何以进行? 在晚期资本主义中被严重削弱的人类交往能力难道能够离开先验的规则自动恢复吗?答案显然是否定的。在哈贝马斯的理论中可以清楚地看到,"公允的法律与理性的辩论彼此的成因只能归结于对方,从而表现为封闭的内循环互证系统。"[②]罗尔斯对借助协商政治实现一个世界公民社会理想也做出了批判。他认为,协商政治无法回避这样一个问题,即交往行动中达成的理解和符合程序民主的规则和法律是否合乎"正义"。他指出,哈贝马斯的程序正义不可能脱离实质正义而存在,因此"得到大多数人同意的法律可以算作是合法的,即使许多人反对这些法律并正确地判断它们是不正义的,或者是错误的。"[③]而哈贝马斯的民主决策和民主法律之所以合法,并不是因为它们是正义的,而是因为它们是按照一种为人们所接受的合法的民主程序而合法地制定出来的。罗尔斯对程序正义的怀疑不止于此,他继而指出,不可能存在任何相对于政治正义的纯程序,我们永远依赖于实质性正义判断。此外,罗尔斯还从以下三个方面揭示了哈贝马斯理论与现实的巨大差距:一,宪法民主实际上永远难以像交往辩谈理想那样来安排其政治程序和政治争论,议会和其他政治实体在它们的实践中必然要大大偏离这一理想;二,对理想辩谈中推理与论证之程序的描述不完善,我们并不清楚人们使用什么样的论证形式,而这些却在很大程度上决定着论证的结论;三,一切制度程序的法规和立法应该永远被公民看作是可以开放讨论的,这意味着,对混合性观点的成熟判断,诸如对奴隶和奴隶制的审判制度,都构成了实质性审查的背景,而这些审查正表现了任何宣称纯程序的合法性理论和政治正义政府的虚幻特征。[④]

---

① 参见张汝伦:《评哈贝马斯对全球化政治的思考》,载《哲学研究》2001 年第 7 期。
② 焦文峰:《哈贝马斯的公共领域理论述评》,载《江苏社会科学》2000 第 4 期,第 84 页。
③ 罗尔斯:《政治自由主义》,译林出版社 2000 版,第 455 页。
④ 参见罗尔斯:《政治自由主义》,译林出版社 2000 版,第 457—459 页。

对哈贝马斯世界公民社会理论的批判还来自于对文化普遍性与特殊性关系的讨论。虽然一些乐观主义的文化论者如罗兰·罗伯森、约翰·汤姆林森、弗雷德里克·詹姆逊等人并不认为这种矛盾不可消除,提出了"普遍主义的特殊化和特殊主义的普遍化"观点,并且希冀以最低限度的沟通为基础,以实现多元化与全球化的有机融合。但是,全球化中日益凸显的西方文化霸权以及不断扩大的关于承认的斗争从来没有停止对这种"全球文化观"的拷问。如果没有办法消除交往主体先定的主观偏好、改变权力决定认同这一根深蒂固的思想、扭转文化流动的帝国主义路线,等待我们的"全球文化"可能更倾向于福山所极力推崇的、或者是亨廷顿倾力谋之的西方自由民主文化,而非一种所谓的高级文化。① 在这一问题上,罗尔斯曾批判哈贝马斯提出的五种价值——无党派性、平等性、公开性、权力和暴力使用的摈弃以及一致性的空洞性和抽象性,指出它们仅仅停留在理论上,脱离了现实的价值判断和具体的国际政治语境。泰勒也称哈贝马斯的理论是建筑在"纯粹的形式理性"之上的,而这种纯粹理性完全是西方文化的产物,并不具有理所当然的普适性。这是文化和价值层面的,具体到国际关系中的利益差异及由此引发的冲突,更是具有不可调和性。因此可以说,哈贝马斯试图在世界关系中贯彻"交往理性"和"话语伦理"原则,以彻底填平不同的政治话语和文化价值观之间的鸿沟,意图虽然可嘉,但其实现的前景至少在相当长的时间里是十分渺茫的。

此外,一些学者如克雷·卡尔霍恩、尼古拉斯·加纳姆、迈克尔·舒德森、托马斯·麦卡锡、约翰·基恩以及戴维·赫尔德等在充分肯定世界公民社会理论积极意义的同时,对该理论赖以形成的理论前提——合法性危机理论及公共领域理论提出了批评,比较普遍的意见集中在以下几点:第一,夸大了自由资本主义时期公共领域的积极作用,也因此夸大了晚期资本主义社会的危机。基恩曾指出,哈贝马斯"在一定程度上对资产阶级公共领域理想的怀念和关于形成新型独立自主的公共领域的可能性的极端悲观论调令人苦恼地同时并存"②,赫尔德则说,还没有明确的实证依据来支持有关国家的权威或合法性确实存在日益恶化的危机的观点,不能低估了国家运用权力和调集资源的能力,而且,"尽管特定的政府在公民不赋予它合法性时可能会变得

---

① 参见郁建兴:《全球化:一个批评性考察》第四章,浙江大学出版社 2003 年版。
② 基恩:《公共生活与晚期资本主义》,社会科学文献出版社 1999 年版,第 111 页。

脆弱,但是,国家自身却未必会崩溃或瓦解"①;其次,忽视了对当代与资产阶级公共领域并行的公共领域类型的发展,并且其理性主义公共交流模式使他不能形成多元主义的公共领域理论;最后,夸大了文化工业控制者的操纵力量,忽视了信息领域中国家干预的公益模式,等等。

　　总之,虽然哈贝马斯的世界公民社会和国家主权终结论基于精致的哲学思考以及对当前全球公民社会实践的充分关注,给全球公众带来了强烈的观念冲击,但是,该理论无法回避的事实是:在现实中,主权国家依然强大;在理论中,世界公民社会的实现面临着论证缺陷。相比较而言,国际政治理论和治理理论对全球公民社会与国家主权关系的观点似乎更加具有现实性和理论可行性。或许正如有学者强调的,现实的世界是一个"快速而根本的变化与稳定交织在一起"的世界,总是谈论"国家长存"②是极不合时宜的,"只说国家长存,就会忽视其他重要角色的出现,以及它们给国家自主性带来的限制,"但是,"只说'事事全新'也不对,因为这也忽视了现代国家具有灵活性并且仍然具有活力的一面"。③

　　综上所述,国家内外的环境变化使国家的旧有形象变得越来越与实际不符。全球公民社会作为民族国家最主要的挑战者,不仅挑战着"国家中心主义"的观念,而且有着取代民族国家从而迈向"社会中心主义"的发展趋势。但是,也如前文所述,全球公民社会的存在和发展都还处于民族国家和国际制度的框架之内,这一局限何时能够得以突破仍然是未知的。在当前以及在可预见的将来,正如基欧汉和奈所强调的,国际政治仍将建立在以民族国家为中心的基础之上,甚至如斯蒂芬·D. 克拉斯奈(Stephen D. Krasner)所言,国家主权即将消亡的观点极其错误,主权从来没有像今天这样充满活力。④事实上,在国际恐怖主义的阴影下和金融危机肆虐之际,一度乐观的全球公

---

　　① 赫尔德:《民主的模式》,第 315 页。

　　② 新现实主义大师沃尔兹认为,变化越多,不变的东西也越多,"国内外的挑战考验着国家的勇气。一些国家失败了,另外一些国家则漂亮地通过了考验。在近代,总有足够多的国家可以保证国际体系照常运转。挑战不同,国家长存"。K. Waltz, *Globalization and Governance*, PS Political Science & Politis,1999,11,p. 697. 转引自约瑟夫·奈、约翰·唐纳胡主编《全球化世界的治理》,世界知识出版社 2003 年版,第 16 页。

　　③ 罗伯特·基欧汉、约瑟夫·奈:《全球化世界的治理:导言》,载约瑟夫·奈、约翰·唐纳胡主编《全球化世界的治理》,世界知识出版社 2003 年版,第 16—17 页。

　　④ 斯蒂芬·D·克拉斯奈:《国家主权的命运》,选自美国《外交政策》2001 年 1/2 月号,白分哲编译,http://www. net. edu. cn/20020301/3021477. shtml. 2006 年 4 月 17 日下载。

民社会者们很快就感受到了国家主权的强大存在。最为突出的表现是，以美英为代表的主权国家不顾来自全球公民社会的反战呼声，在没有联合国授权的情况下发动了对伊战争。这些无不促使学者们再度反思全球公民社会与国家主权的关系，以更加务实的态度来看待它。

5　全球公民社会与公民身份

　　全球公民社会所宣扬及所表征出来的全球共同意识和全球性团结,以及它为个体创造的巨大的活动空间,复兴了古老的全球(世界)公民概念,对民族国家公民身份概念造成了极大冲击,甚至带来了民族国家的认同危机。据此,一种新的公民身份——全球公民身份变成可期待的了。那么,全球公民身份是否真的能够实现,它将以何种方式实现,在此过程中,全球公民社会又将扮演什么角色? 国家的作用又将如何? 本章将围绕上述问题,对全球公民社会与公民身份之间的关系做出讨论。

一、全球公民的浮现与民族国家的认同危机

　　安得瑞塔(Andretta)和墨斯卡(Mosca)对热那亚抗议运动的研究表明,该运动作为正式组织和非正式联结的一种网络,有力地联合了不同的政治传统、不同的行为形式和多样化的资源。在某种程度上,这构造了一种分享的认同,或至少是一种相互的信任。① 墨菲(Murphy)考察 1999 年的西雅图反全球化运动,指出,这场运动是作为全球公民社会核心部分的全球正义运动的开端,它形成了议题框架和策略,所创造的网络整合了不同的利益和要求,"通过帮助地方的行为者与远方的行为者保持一致,以及通过帮助他们理解地方和国外议题之间的相似性,社会运动组织(SMOs)有助于在建议采取具体行动纠正社会和环境问题的同时培养一种共同命运的感情,而这种感情是

---

　　① 　M. Andretta and L. Mosca,Understanding the Genoa Protest, in *Creating a Better World*: *Interpreting Global Civil Society*. pp. 57-58.

全球公民身份概念的组成部分"。①

正如安得瑞塔、墨斯卡和墨菲等学者所看到的,随着全球公民社会的发展,一种全球意识或全球团结正在上升,而基于这种全球意识构建一种新的全球公民身份则成为全球公民社会的核心关注之一。这种关注在实践中表现为国际非政府组织以及全球正义运动通过一系列的动员和行动有意识地加强一种新型的全球团结;在理论中则表现为许多学者有意识地强化对全球公民身份的讨论,进而使其成为与全球公民社会、全球民主、全球治理相并列甚至比前三者更广为人知的时髦话语。尼各·道尔(Nigel Dower)曾经指出,在学术圈子和受过高等教育的人之外,很少有人知道全球公民社会、全球民主和全球治理所指何物,但是,许多人就算不响应"全球公民"的思想,但这一概念对他们而言是非常明了的。② 的确,相对于全球公民社会等上世纪末出现的新术语而言,全球或世界公民身份不是新概念。

古希腊时期的斯多葛派最早用世界主义的眼光看待国家。芝诺等人认为所有的人应成为同一国家治下的公民,他们提出:人不仅仅是城邦的动物,亦是世界国家的动物,是世界公民。③中世纪的阿奎那以及近代以来的孟德斯鸠、卢梭、康德、马克思、罗尔斯、哈贝马斯等学者都对世界性的国家进行过探讨。其中,康德的世界公民主义、马克思的世界历史观、罗尔斯的万民法思想以及哈贝马斯的世界公民社会理论对于我们认知世界公民这一概念起到了关键的作用。

康德在他晚年的政治历史哲学著作中对人类文明如何从战争走向和平进行了形而上学的思索,明确了人类发展朝向永久和平这一合目的性的目标。他提出了世界公民主义的概念,认为,到另一个国家或土地上去居住,"这种权利是属于人人都有的……本来就没有任何人比别人有更多的权利可以在地球上的一块地方生存"④,即世界上的每一个公民所拥有的权利使他们具有到任何一块土地上居住的资籍,并且能够与那里的居民友好相处。一个自由和理性的公民,不仅属于某个民族国家,而且也属于全世界,是世界公

---

① G. H. Murphy: The Seattle WTO Protests: Building a Global Movement, in R. Taylor(ed.), *Creating a Better World : Interpreting Global Civil Society*, p. 40.

② N. Dower, Situating Global Citizenship, in *The Idea of Global Civil Society : Politics and Ethics in a Globalizing Era*, R. D. Germain and M. Kenny (eds.), Routledge, 2005, p. 116. 在该文中,道尔简要探讨了全球公民社会、全球民主、全球治理和全球公民身份四者之间的关系。

③ 参见萨拜因:《政治学说史》上册,商务印书馆 1986 年版,第 186—190 页。

④ 康德:《历史理性批判文集》,商务印书馆 1991 年版,第 115 页。

民,他所必须遵从的理性的普遍法则,是超越民族国家界限的公民共同体之间互相的尊重和承认。依据世界公民权利,可以与在国家公民权利的基础上确立民法一样,在世界范围内确立世界公民法。康德指出,一切彼此可能互相影响的人们,都必须隶属于某种公民体制。但就有关处于其中的个人而言,则一切合法的体制都是:一是根据一个民族的人们的国家公民权利的体制(民法);二是根据国家之间相互关系的国际权利(国际法);三是根据世界公民权利的体制,就个人与国家对外处于互相影响的关系中可以看作是一个普遍的人类国家的公民而言(世界公民法)。① 在这里,公民是法治状态之下有权利的公民,并且公民权利是通行于世界的,这些权利的本质是公共性,康德认为,"凡是关系到别人权利的行为而其准则与公共性不一致的,都是不正义的"。因此,世界正义的目的与国家正义的目的是一样的,都是保护公民权利。康德的权利概念同时也是一个道德或伦理的概念,它源于人的纯粹的实践理性,即自由。权利的法则是自由法则的外在表现,其核心内容是一个人的意志自由必须能够与任何其他人的自由并立。世界公民社会的状态之所以能够实现,其深层的理由在于康德的实践哲学坚持理性存在者因敬重道德法则而趋于至善。另一方面,在社会—历史领域,这样一种信念体现为相信人类能够遵循权利法则而进步,这或许是大自然的一个计划。② 因此,康德的世界公民社会不仅是一个权利的体系,同时也是一个伦理的共同体,伦理共同体不仅指政治伦理,也指道德伦理。

马克思用"世界公民"来表述人的类存在。在他看来,世界公民是指"各个个人的历史性的存在"③。马克思在《1857—1858 年经济学手稿》中谈到类的交往时,认为其间经历了相互依赖的自发交往、各民族各地区内的物化的共同交往以及全面依存的普遍交往这几个发展阶段。在他看来,交往形式的更替从根本上说,是生产不断发展和个人自主活动能力不断增加的结果。与上述类的发展相适应,个人存在也要经历狭窄的血缘家族性的存在、片面的民族性的存在、全面的世界历史性的存在等三种方式,"各个人的世界历史性的存在"就意味着狭隘的地域性的交往为全面的普遍性的交往所代替。处于狭隘的地域的交往方式中的人是一种"地域性存在",也是一种处于领队地位

---

① 康德:《历史理性批判文集》,第 195 页。

② 参见韩水法:《权利的公共性与世界正义:世界公民主义与万民法的比较研究》,载《中国社会科学》2005 年第 1 期,第 39 页。

③ 《马克思恩格斯选集》第 1 卷,第 89 页。

意义上的身份人,处于全面的普遍性的交往方式中的人则是"世界历史性的存在",是世界公民。

罗尔斯在《万民法》中讨论了国际社会中不同政治体制之间的国家建立普遍正义秩序的可能性,其中,他以人民(peoples)取代国家(states)作为万民法的基点,即认为万民法所讨论的是人民之间的法,而非国家之间的法。同康德的理解一样,罗尔斯认为人民的意志高于国家的意志,国家政策的合法性来自公民们的理性和正义。他摈弃了民族国家利益至上的功利主义原则,从全球普遍正义的规范主义出发,认为自由国家的人民的根本利益,不是对其自身及领土安全的自利性关注,而是按照普遍正义的原则,给予其他国家的人民以同等的尊重和承认。假如国家被自己的目标所驱使,在处理与其他国家的关系中忽视了互惠的准则,这就意味着国家的政策违背了人民的根本利益,就不再具有道义上的合法性。^① 在万民法中,正义原则由自由平等的人民所公认的八条原则^②组成,而其核心和基础是人权原则。罗尔斯写道,"人权是在合理万民法当中扮演特殊角色的权利各类:这些权利限定了战争及其行为的正当理由,也确定了体制内部自主的限度。由此,这些权利反映了第二次世界大战以来主权权力所发生的两个基本而历史性的深刻变化。首先,战争不再是政府政策允许采用的手段,而仅在自卫当中或者为保护人权进行干涉的严重情形中才能证明为命题。其次,政府的内部自主也得到了限定。"^③那么,作为正义的核心的人权原则如何才能扩展到全球?罗尔斯所采取的是一种正义由良善的社会向法外国家不断"扩展"的路径。在万民法中,罗尔斯将所有的社会国家划分为自由人民社会、合宜的等级制社会、法外国家、荷负不利条件的社会和慈善的专制主义社会等五种类型。万民法是由自由人民社会制定出来的,它能够联合合宜的社会对其他社会国家进行干涉。当然,这种干涉在手段和程度上都要相当克制和谨慎。

如果说康德、马克思、罗尔斯对世界公民身份的分析是基于他们所生活的时代,不可避免地带有历史局限性,与我们的现实生活存在某种程度上的

---

① 参见罗尔斯《万民法》,吉林人民出版社 2001 年版,第 30、37 页。

② 参见罗尔斯《万民法》,第 40 页。这八条原则分别是:1. 人民要自由独立,其自由与独立要受到其他人民的尊重;2. 人民要遵守条约与承诺;3. 人民要平等,并作为约束他们的协议的各方;4. 人民要遵守不干涉的义务;5. 人民要有自卫的权利,除为自卫之外,无权鼓动战争;6. 人民要尊重人权;7. 人民在战争行为中要遵守某些特定的限制;8. 人民要有义务帮助其他生活于不利条件下的人民,这些条件妨碍了该人民建立正义或合宜的政治及社会体制。

③ 同上,第 84 页。

距离,那么,对哈贝马斯的理论(前文已经作过详细介绍)而言,这则不构成一个主要的问题。哈贝马斯对世界公民社会的分析正是基于今天全球化不断扩展的情境:整个世界个体之间的交往超越了时间和空间的限制,大规模的跨国界交往促使人们能够在经验层次上来确认自己的类存在,在这种历史环境中,超越民族国家的、人人都享有自由民主权利的世界公民社会就显得不再遥远。

　　从康德到哈贝马斯的世界公民思想无疑极大地影响着全球公民社会,建立一种超越国家公民身份的基于普遍人权的全球公民身份一开始就是全球公民社会的应有之义。伦敦经济学院的赫尔姆特·安海尔(Helmut Anheier)教授指出,全球公民社会实际上表达了一种在全球性问题的挑战面前世人所具有的全球身份的认同感和全球意识。卡尔多认为,全球公民社会扩展了"积极的公民身份"领域,它意味着"在正式的政治圈之外的自组织和一个个体公民能够直接通过自组织和政治压力来影响他们所生活的环境的扩展的领域"①。日本学者阪本义和也认为,全球公民社会是"以相互承认尊严与平等权利为根基的社会关系所创造的全球公共空间",它在公民社会之间创造出一种全球范围的公民政治空间。全球公民政治空间不仅是由超国家社会运动和非政府组织,而且是由公民维持和扩大着的。全球公民社会形成的同时,也创造了全球市民。② 我国部分关注全球公民社会的学者同样认同这样的观点,比如袁祖社认为,全球公民社会代表了对一种前所未有的全球秩序的追求,是"对人类生存和发展所不懈追求的一种公共秩序追求与公共生活信念,即一种集'生存'、'利益'、'命运'等多重意涵为一体的新质的全球'公民社会共同体'意识的直接反映"。③ 而任东来则乐观地写道,尽管还没有统一的全球公民社会,但却无法否认存在着某种全球公民身份,否则,就不会有那么多的普罗大众,在世界各地,为了与自己没有多少切身利害的关系,或者为阻止"倒萨战争"而奔走呼号,或者为独裁者的倒台而拍手叫好;尽管比起拥有政治选票这一法宝的国内公民来,全球公民是软弱无力的,但是,他们让自己的眼光超越小团体的切身利益和狭隘的国界,发出各种"悲天悯人"的呼吁,做出各种"仁至义尽"的举动,以唤起全世界对全球新问题和人类尊严的

---

① M. Kaldor, *Global Civil Society: An Answer to War*. p. 8.
② 阪本义和:《相对化时代》,岩波书店 1997 年版,第 43 页。转引星野昭吉:《全球化时代的世界政治:世界政治的行为主体与结构》,社会科学文献出版社 2004 年版,第 307—308 页。
③ 袁祖社:《"全球公民社会"的生成及文化意义》,《北京大学学报》,2004 年第 4 期,第 12 页。

关注,这些做法足以使他们成为"负责任的全球公民"。①

需要指出的是,无论是早期的世界公民概念还是当前的全球公民概念,它都不可避免的蕴涵着道德的含义。简言之,全球(世界)公民不仅具备全球意识,更重要的是他具有全球的道德关怀,追求跨越疆界的普遍正义和自由,而非个人私益。在这种意义上,福克(Falk)认为原型状态的全球公民只是指追求一种伦理目标的跨国社会运动的成员②,而不包括那些自称为全球公民的跨国行动的官僚以及跨国和多国公司的精英们。他写道:"唯一一种能够被严肃对待的理想的公民身份必将基于在既作为趋势同时也具有可能性的事实、规范和价值层面上正在发生的一切。它必须建立在未来的基础上,而不是现在,也不是断言是'真实的'却又让人难以置信,就像世俗精神的'世界公民'宣称在政治上重新忠诚一样不足以令人置信"③。

福克的观点并不必然为所有人接受,至少一些学者并不愿意将跨国的政治和企业精英排除在全球公民之外,并且从某种意义上看,正是这部分精英的跨国行为最先赋予人们对"全球公民"的经验体验。但是,自斯多葛学派尤其是经过康德以来,几乎没有学者能够否认全球公民身份与普遍伦理相结合的首要意义。也因此,全球公民身份的概念自始就体现出了与国家公民身份的对立特性,它提出了一个敏感而不易被回答的政治问题,即到底应该如何看待和处理普遍人权与由主权国家确立的公民权利的关系。从另外一个角度来看,全球公民身份实则提出了公民个体超越民族国家追求普遍人权的可能性,这对民族国家的主权构成了挑战,并且这种挑战是根本性的,它直指民族国家的合法性基础——民族国家认同。

至此,我们有必要对民族国家认同及公民身份的概念做出阐释。民族国家认同是紧紧围绕着"民族"(nation)和"国家"(state)形成的,它实际上是对"民族"和"国家"的认同。④ 而所谓认同,据一些学者的研究,它指的是个体从自身出发经过与他者的参照比较最终发现自身的认知过程和方式,具有建构性的特征。以认同的概念为基础,民族认同可以被理解为某一民族的成员对

① 参见任东来:《从负责任的公民到负责任的全球公民》,载《美国研究》2003年第3期。

② R. Falk, *On Humane Governance: Toward a New Global Politics*, Polity Press,1995,pp. 207-212.

③ R. Falk, An Emergent matrix of Citizenship: Complex, Uneven, and Fluid, in N Dower and J. Williams (eds.), *Global Citizenship: A Critical Reader*, Edinburgh University Press,2002,pp. 26-27.

④ 俞可平等著:《全球化与国家主权》,第59—60页。

本民族群体的一种心理认知和感情依附,它是随着民族的形成而逐渐产生的;而国家认同则可以被理解为一国公民对于国家主权及相关政制的一种肯认与依赖,江宜桦在《自由主义、民族主义与国家认同》一书中将国家认同界定为"基于公民身份而对国家产生之政治认同"①。相比较而言,民族认同主要体现为一种文化和情感联系;而国家认同则更多的意味着一种政治和意识形态的联系。

在现代民族国家制度确立的过程中,民族认同和国家认同逐渐实现了结合,形成了所谓的民族国家认同,并且日益成为现代社会中的主导性认同。在这一过程中,现代国家为超越血缘、地缘、宗教及其他形式的群体认同,培养和强化民族国家认同做出了一系列的核心制度安排,它们主要包括:一、象征和组织的制度化,在社会和文化经验中寻求某种能吸引人们效忠的秩序,并在这种秩序中寻求某些参与方法;二、在共同属性和参与共同的象征性事情的基础上所形成的共同的社会和文化的集体认同;三、集体目标的形成和表达;四、社会内部和群体之间的关系;五、内外或国际关系的调节。② 在诸多制度中,"公民身份"(也称公民资格或广义的公民权利)无疑是推动民族国家认同的最核心部分,因为并不是每个民族都能单独组建国家,而"公民身份"制度却能够赋予一国内部所有公民平等的权利,从而至少是从形式上消除了各民族之间的政治和法律差异。正如格罗斯所说,"公民权创造了一种新的认同,一种与族属意识、族籍身份分离的政治认同,它是多元文化的一把政治保护伞。它同时也是一种新的政治关系,一种比种族联系和地域联系更加广泛的联系。因而,它提供了一种将种族上的亲族认同(文化认同)与国家相联系的政治认同(国家民族)相分离的方法,一种将政治认同从亲族关系转向政治地域关系的途径。"③可见,民族国家认同实际上是文化认同与政治认同的一种有机结合,而国家合法性的来源主要建立在以公民权利所维系的政治认同的基础之上。法国学者让-马克·夸克(Jean-Marc Coicaud)在《合法性与政治》一书中就将政治认同看作是合法性的前提,认为政治认同在合法性建立的过程中占有最为基础的地位④;因此,公民身份与民族国家之间关系的松

---

① 江宜桦:《自由主义、民族主义与国家认同》,扬智文化事业股份有限公司 1998 年版,第 89 页。
② S. N. 埃森斯塔特:《殖民地和传统政治制度对后传统社会和政治秩序发展的影响》,载西里尔·E. 布莱克编《比较现代化》,杨豫等译,上海译文出版社 1996 年版,第 202 页。
③ 菲利克斯·格罗斯:《公民与国家:民族、部族和族属身份》,新华出版社 2003 年版,第 32 页。
④ 让-马克·夸克:《合法性与政治》,中央编译出版社 2002 年版,第 77—78 页。

动必将导致政治认同的危机,从而带来国家的合法性危机。

民族国家所创造的"公民身份"是一个既与个人权利观念紧密相连,又与对特定共同体的隶属观念密切相关的概念,有学者称它是"有助于澄清自由主义者与社群主义者的争论中紧要的东西"①。具体而言,公民身份理论的创始人马歇尔(T·H·Marshall)将公民身份理解为赋予共同体的完全成员的一种身份,所有拥有这种身份的人在由这种身份赋予的权利和义务方面是平等的。另有学者从共同体自治和参与方面解释公民身份,强调参与政治领域的重要性和对公共社群生活的追求,即强调通过积极参与政治生活而建构公共生活。比如沃尔泽(Walzer)提出,公民身份是在"彼此间有某种特定承诺的男女组成的各有特色的、历史稳定的、持续存在的诸多共同体"中形成和发展的"集体意识"②。弗克斯(Faulks)则认为,公民身份是一种互惠的社会理念,它的一个关键的定义性特征就是参与。③

据此,我们可以从三个方面来理解公民身份:首先,它是一个成员资格的问题,在由主权国家中构成的世界中它涉及的是"国籍"。在当今世界中,几乎每一个个体都归属于某一国家,由该国来保障其权利。与地域相联的公民资格是个体享有"获得权利的权利"的基本前提。其次,作为权利和义务平衡体的公民身份则具体表征着公民与国家之间的关系,它尤其体现在一国的法律制度之中,这是公民身份的核心内容。根据马歇尔的理论,公民身份中的权利义务体系具体是指公民权利或法律权利(civil rights or legal rights)、政治权利(political rights)和社会权利(social rights)的集合。随着人类自主能力与反思能力的提高,公民权义体系呈现出不断拓展的趋势,由此也带来了

---

① 威尔·吉姆利卡、威尼·诺曼:《公民的回归:公民理论近作综述》,载许纪霖主编:《共和、社群与公民》,江苏人民出版社2004年版,第236页。

② 迈克尔·沃尔泽:《正义诸领域》,译林出版社2002年版,第3—4页

③ K. Faulks, *Citizenship*, Routledge, 2000. p. 4.

国家与公民之间关系的新变化。① 最后,作为参与行动的公民身份表明公民必须融入共同体之中,只有在共同传统的网络和已知的政治组织中,公民才会发挥自己的作用。在此意义上的公民身份十分重视共同体中公共善的终极价值,并且也十分重视人类共同体的作用和人类通过参与共同体的政治生活而对公共善的追求。② 总之,公民身份就是以公民为基点对公民与国家之间关系的总体概括,是公民对这种关系在心理上的体认和生活中的实践。它既外显为公民对国家的一种情感认同,又表征着公民在国家中的身份地位,与国家的权利义务关系以及对国家政治生活的参与。

以公民身份为核心的制度安排长期以来在维持民族国家认同上发挥着关键性的作用。但是,随着生产和交往的发展,个体越来越认识到公民权利的实现并不是在民族国家内部能够完成的,它需要突破民族国家的边界。马歇尔曾经指明,公民权利是一个动态的发展过程,虽然他的关于公民权利发展的线性发展模式受到普遍的置疑,但是权利发展理论无不表明公民权利从来就不是成熟和完整的,它与政治的讨价还价甚至斗争紧密相关。考察全球化进程中的一些新政治现象,我们可以得出结论说,1960年代新型的激进社会运动实际上代表了不同公民群体对公民权利的具体化要求。在这之前,左派社会改革的重点是扩大和加强国家职能,如扩大公有制、社会福利制度、经济计划和调控等等,以加强基础性的政治和经济权利,而激进社会运动则细化权利类别,特别强调各种个人身份政治权利,如妇女权利、少数族裔权利、同性恋权利等等。

但是,此一时期对公民权利的追求仍然主要发生于民族国家的边界之内,正像自18世纪以来公民权利的发展一样,国家能够通过制度创新来实现社会的基本团结。但是到了1990年代,公民权利的斗争表现出鲜明的跨越国

---

① 根据马歇尔的研究,公民身份中的市民权利出现于18世纪,时值资本主义制度确立的初期,对人身自由、财产自由的渴望促使资产阶级提出了对市民权利的要求,可以说市民权利的每一项具体内容都体现着资本主义制度的核心价值:自由。公民身份中的政治权利出现于19世纪,主要指公民对国家的政治生活和政治决策直接参与的一种主动的权利,是各种政策纳之所以具有合法性的根本依据。政治权利所体现的基本价值也是现代资本主义制度,乃至现代政治制度的核心众价值,即民主。公民的社会权利出现于20世纪,它是指一国公民,无论其在市场领域和国家领域中的位置和处境如何,都有资格享有福利、教育等一些使人们过上"体面生活"的权利。公民的社会权利是公平这一价值理念在权利范畴中的体现,它通过社会政治生活中的各种社会保障与福利制度得以实现,从而达到对市场领域加以规范和矫正的目的。
② 参见李艳霞:《公民身份内涵探析》,载《政治学(人大复印资料)》2005年第8期,第13页。原载《人文杂志》,2005年第3期,第144-149页。

界的特色,以世界公民或全球公民自称的社会运动者关注公民权利的普遍权利部分,他们追求普遍的和平、自由和发展,反对一切与此相对立的现象,不仅针对本国政府,也针对地球上的每一个国家。这种对普遍权利的追求不仅暴露了民族国家在维护公民权利中表现出来的局限性,而且动摇了公民身份在维系民族国家认同中的核心地位,从而导致了民族国家的认同危机。针对前者,有学者曾谈到,在公民权利得不到国内法律保障或充分保障的情况下,全球间公民社会联系就会变得更为重要;关于后者,我们可以从以下几个方面来理解:

首先,公民身份是民族国家认同赖以维持的核心制度,当国家不能充分履行对公民身份的承诺时,公民就会丧失对国家的信任。当前全球公民社会运动的兴起正是与对国家治理和全球治理的失望紧密联系的。失业、贫困、暴力、人口、疾病等诸多问题不但一国无力解决,传统的国际机制也无力解决,而这些问题已不再被认为是局部的、特殊制度和意识形态下的产生的问题,它们带有一般性和普遍性,越来越被认为是与公民的基本权利相联系的问题。在很多情况下,公民将对解决这些问题的希望寄托于全球性的公民政治联合上,而对奉行现实主义的国家政治期盼甚少。

其次,在全球层次上追求普遍权利体现了个体自主性和行动的选择性在不断增强,相对应地,个体对于民族国家的依赖性在不断减弱。在传统的国际政治中,主权国家是唯一的行为体,公民个体参与国际行为必须通过主权国家的认可,但是随着信息和通讯技术的发展,全球联系网络不断加深,这创造了个体绕过国家行为的可能性。现在,全球权利的对象不再是国家,而是公民个体。这种转变一方面突出了个体之于全球体系的决定性意义,另一方面也突出了以人类认同超越国家认同的必要性。

最后,普遍权利的观念与公民身份概念之间存在着作为一种人权类型和作为一种公民权类型的公民权利之间的总体性差异,即普遍权利与法律权利、普遍性与地方性之间的差异。这种差异在民族国家的主权思维中是无法轻易破解的。虽然人权和主权并不必然是一对矛盾的概念,但是在现实政治生活中,它们之间存在着普遍的冲突:对于大多数国家来说,支持普遍人权必然意味着对主权的自我限制,而一些强势国家以人权为由侵犯他国主权的现象时有发生。因此,全球公民身份所传播的人权是关系到"每个地方、每个人"的观念实际上给主权观念带来了巨大的影响,它拷问着在国际关系中主权至高无上原则的合理性。

总之,当我们谈论全球公民身份时,它不仅仅是指个体在国家之外获得了另一个公民资格,它更意味着个体与其传统的国家公民身份之间的一种剥离。换言之,全球公民身份是一个权利性概念,它的浮现与其说是全球公民社会崛起的结果,不如说是公民身份实践和理论发展的结果,正因此,它将改写公民与民族国家之间的权利和义务关系,而这种变化,无论结果如何,都将对全球秩序产生极大的影响。

二、公民身份:走向全球

将全球公民社会看作是主权国家未能充分履行公民身份承诺的必然结果,在某种意义上道明了 20 世纪中后期全球性的公民身份危机与全球公民社会兴起之间的密切联系。将这两个概念相联结以捕捉当代全球政治现实及其发展的可能性的努力在当前学术界也是一种普遍性的存在。如前文所述,许多学者将全球公民社会看作是实现公民身份向全球扩展的良好契机,他们相信,随着全球公民社会的发展,全球公民身份必将确立。但同样如前文所述,公民身份的核心内容是由法律所确认的国家与公民之间的一种权利义务关系,即公民身份对应着民族国家这个政治和法律共同体。如果同意这种对应关系,那么我们在当前的全球公民身份讨论中就必须回答以下问题:仅仅存在一种尚未普遍化的全球意识,并不存在一个全球政体,同样也不存在全球性的法律,在这情况下,公民身份如何才能够扩展到全球?

福克在全球公民社会中发现了建构全球公民身份的资源,尽管他承认一个强大的民主国家在其中也能发挥作用。[①] 福克认为全球公民社会是一个自愿和反抗的草根政治行为的“理想”领域,虽然目前它还没有完全实现,但是它可以被视作全球社会运动政治议程中的必将实现之物。全球公民身份是一种对被排斥和被压制的或普遍意义上的世界或类属的政治承诺,它目前还没有形成,但却可以通过加强全球层次的民主政治机构(不是一个世界政府)来推动。福克强调世界主义民主在全球公民身份的建构中起着重要的作用,但他并不认为全球公民身份只是一个单纯的司法概念,更重要的,它是一个

---

① R. Falk,*On Humane Governance*: *Toward a New Global Politics*, Polity Press,1995,pp. 207-209.

"心理政治的"概念。个体对自己作为一个全球公民的身份认同以及遵从普遍的道德目的,这才是全球公民身份的本质属性。① 他指出,在追求全球正义和维护全球人权的时候,全球公民不再是一个地域的概念,而成为一个时间概念,因为全球公民在建设的是一个属于未来的全球群体。②

福克的乐观主义构想赋予了全球公民社会在建构全球公民身份中的基础性意义,但是这种观点被吉登·贝克尔(Gideon Baker)批评为"忽略了仍需进一步讨论理想与现实之间的关系问题"。按照贝克尔的研究,对权利的讨论应与国家的讨论相联结,而不是公民社会,或者说,对权利与对国家的理解是相连的,因此,全球公民社会将我们带到了(全球)公民社会与国家关系的传统解释之中。他认为,作为一位"自下的全球化"的理论家,福克是明白这种道理的。福克曾提出正在出现的全球伦理要求国家的"再工具化"(reinstrumentalization),这将包括以全球公民社会为代表的社会力量驱使区域的和全球的政府机制不断地增加规制(假设是以权利为基础的)市场力量、(去)军事化和在全球社会提供公共物品的手段。福克认识到基于权利的全球治理就像世界主义一样是接近一种全球政体的,但他没有很快地认识到这种政体的建立不仅依靠基于权利的全球公共领域,也依赖于全球层次的国家制度。③ 贝克尔进一步指出,我们可以从四个方面把握权利与治理的国家主义形式相联的原因:一,公民社会,即使是全球公民社会的行为,常常卷入从国家"赢回"权力的斗争,当斗争成功之时,就以权利的形式对国家权力做出限制。国家一直是权利斗争集中的场所。二,国家虽然不是权利及权利合法性的来源,它仍然是这样一个机构,没有它,权利不能得以维护。国家因此功能性地与权利议程相联系。三,当权利概念发生冲突时,我们需要国家在不同的主张中做出判断,因为国家是暴力的垄断者。四,权利代表着伦理学习的具体化构成,完全与全球公民社会以批判现实为特征的流动的运动形式不同。如果没有相伴的甚至是超前的治理的国家机构,我们就无法使权利跨

① R. Falk, An Emergent Matrix of Citizenship: Complex, Uneven, and Fluid, in N. Dower and J. Williams(eds.), *Global Citizenship: A Critical Reader*, Edinburgh University Press, 2002, pp. 27-28.

② R. Falk, The Making of Global Citizenship. In B. Steenbergen (ed.), *The Condition of Citizenship*, Sage, 1994, p. 139.

③ G. Baker, Saying Global Civil Society with Rights, in *Global Civil Society: Contested Futures*, pp. 120-121.

越世界传播。① 贝克尔怀疑一种全球公民身份形成的可能性,除非一种超越国家的全球政体先于或伴随着全球公民社会出现。但是,从全球公民社会的"去国家中心化"的实质来看,它事实上是反对这样一个全球政体存在的。因此,就贝克尔的理解来看,全球公民社会虽然构成了对传统国家公民身份的极大冲击,但是现实的条件远没有成熟到催生一种全球公民身份。

一些学者虽然同意贝克尔对国家作用的强调,但却不完全赞同他的结论。比如卡尔多和艾利斯·马瑞恩·杨(Iris Marion Young)。卡尔多认为超越国界的公民社会和公民身份直接源起于公民社会运动的跨边界现象。她将公民社会定义为"文明的",对她而言,公民社会的历史就是争取文明政治的运动史,它区别于种族民族主义和原教旨主义等"不文明的"政治。因而,跨国公民社会代表了民主、非暴力、多元文化和安全。② 像其他许多民主理论家一样,卡尔多认为草根公民社会行为与公民身份之间存在着紧密的联系。她将国际人权的思想看作与她所定义的公民社会的理想是一致的。她指出,公民社会话语的长处正在于它的政治内容,它所包含的参与和公民身份的思想,当代世界政治转变的可能性存在于在一个不文明的世界中追求文明的公民朝圣者的领域之中。对卡尔多来说,不是交往理性而是对伦理目标的政治承诺将会带来进步,她还发现,全球公民社会自身不足够保证全球公民身份的实现。全球公民社会必须被合法的全球政治权威所取代(be succeeded)。她写道:"1980 年代的教训是,公民社会必须通过跨越民族国家边界共同行动的自组织的公民团体自下地建立。1990 年代的教训是,在地方和跨国水平上缺乏回应性的机构的情况下,这种团体在一个全球性的不文明世界中不能获得成功。"③

卡尔多的观点表明无论是在地方还是在全球层次的民主公民身份的建构中,公民社会都是一个必要但不充分的条件。在全球公民社会与全球公民身份的关系中,全球公民社会虽然具有关键性的意义,它蕴涵着政治承诺、参与和自决等美德,但是必须以一种全球的政治机构和权威来弥补公民社会运动的不足。与贝克尔一样,卡尔多不忽视政治权威在现在和将来的重要作

---

① See G. Baker, Saying Global Civil Society with Rights, in *Global Civil Society*: *Contested Futures*, pp. 121-122.

② M. Kaldor, Transnational Civil Society, in T. Dunne and N. J. Wheeler(eds.), *Human Rights in Global Politics*, Cambridge University Press, p. 206.

③ M. Kaldor, *Transnational Civil Society*, p. 210.

用,但是卡尔多对建构一种全球公民身份的乐观心态却是与福克更大接近的。

同卡尔多一样,杨在民主理论中发现了跨越国界的公民身份的重要意义。杨将一种特殊的民主理论建立在个体的两种核心价值的重要性上:自决和自我发展。自决指个体决定如何过自己生活的能力。对杨而言,这必然包含着输入治理和控制社会所需依据的机制和原则。自我发展指个体完成他们的潜能和作为一个人而繁荣起来,这意味着需要满足个体的物质、社会和文化需求。杨将这些价值中的每一种与相应的邪恶相联结,一边是"控制",一边是"压制"。控制很大程度上与政治权力相关,它妨碍了个体自治;压制在很大程度上,虽然是不完全地,与经济权力相关,因其不能回应需求而妨碍了个体的自我发展。① 杨将公民社会定义为一种特定的行为,以自愿结社和交往而非工具或功能理性为特征。② 公民社会在实现个体自决以及联结公民和国家关系上具有重要的价值。但是,对于个体自我发展的实现,公民社会却具有两面性,公民社会中的政治结社和行为可能有助于自我发展,但是也有可能无助于此甚至起到破坏作用。而这缘于公民社会缺乏保证作为一个整体的公民需求能够获得满足的能力,无论是获得物质平等的需求还是获得承认和尊重的需求。杨尤其强调一点,即公民社会无法抗衡经济权力,部分由于它内在的分散性,也由于缺乏对公民运动的目标或成员资格的包容性保证。公民社会是特殊性和差异的领域,其中公民可以围绕私人的、市民的和政治的行动和目标组织起来,但是也不乏可选择甚至是矛盾的内容。③ 因而,国家权力作为一种对抗经济权力的不平等和反民主影响以及对抗公民社会中自愿结社的潜在排斥性的力量是必要的。杨最后得出结论说,健康的公民社会和民主的民族国家都是扩大公民自决和自我发展的关键所在。

杨对全球公民社会和公民身份概念的关注来自于建构其民主理论的需要,她认为在全球化环境中民族国家内部的特定民主方式已经失效。然而她也看到,通过发展全球公共领域、全球公民社会和全球公民身份来弥补全球的民主赤字的路径存在困难。因此,在她对自由国家的分析中,国家和公民社会包含着政治行为的平行的、相互依赖的形式,在全球政治中,公民社会行为是首要的,紧随其后的是制度上的改革。④ 杨对公民社会的理解是半黑格

---

① I. M. Young, *Inclusion and Democracy*, Oxford University Press, 2000, pp. 31-32.
② Ibid. p. 160.
③ Ibid. p. 167, p. 190.
④ Ibid. pp. 271-275.

尔式的,作为公民身份本质属性的公民自决和自我发展离不开政治权威的规制,因而,杨在全球公民社会与全球公民身份的关系问题上与卡尔多取得了基本一致的意见,从而区别于福克对全球公民社会的绝对信任。

　　赫尔德同杨一样从民主理论的视角关注公民身份的新变化。他对全球治理的研究表明,只有国际或世界主义取向能够最终应对以休戚与共的共同体和多层次、多级别政治为特征的、更加全球化时代的政治挑战。因此,必须强化全球治理,建立仔细研究全球问题并为之寻找解决方案的全球问题网络,同时也必须考虑全球治理改革的社会民主议程。赫尔德指出:"在这种背景下,就可以揭示出新的公民身份观念的基础——不是建立在领土范围内的排他性成员身份基础上的公民身份,而是建立在能在多种情况下被巩固和利用的普遍规则和原则的基础上的公民身份。这一观念取决于民主和人权原则的有效性和明确性。这些原则基本上为所有人建立了享有平等自由和平等参与机会的框架。公民身份的含义从授予有资格的人以特定权利和义务的共同体成员身份,转变为一个可选择的世界体制原则,其中所有人在影响其主要需要和利益的横向决策领域中拥有同等的权利和义务。它确立了全球体制的思想,其中人们可以享有关于影响其寿命和生活机会的基本程序和机构的平等地位。结果,公民身份的机会将被扩展到所有政治共同体,其中包括人们在其中有关键利益的政治共同体。公民身份将变为多层次和多维度的,同时遵行共同的规则和原则。"①

　　赫尔德认为在此种语境下,全球公民身份能够获得理解,它"建立在全人类的基本权利和义务基础之上,承认每一个人的自主性,并承认人们在各级人类事务中的自治能力"②。在当前的环境下,如果人们在影响其生活的决定条件中自由而平等,那就必须具有从城市到全球组织的一系列论坛,在其中能够让政策制定者对其负责。如果许多当代的权力形式能变得更加负责,如果影响我们大家的许多复杂问题——地方的、国家的、区域的和全球的——能得到民主管理,那么人们将必须参与多种政治共同体,并成为其中的成员。赫尔德认为,在巩固公民身份和国家共同体的原则之间只存在历史的偶然联系;随着该联系在休戚与共的共同体世界中的弱化,公民身份的原则必须得

---

　　①　戴维·赫尔德:《全球盟约:华盛顿共识与社会民主》,社会科学文献出版社 2005 年版,第 153—154 页。

　　②　同上,第 154 页。

到重新阐释和重新巩固。国家认同只有容纳各种团结，并且受对普遍规则和原则的尊重所影响，才能够使自己成功地应对全球时代的挑战。他进一步指出，公民身份自身变化着的实践正在沿这一方向推进。一国的公民不仅能够参与城市和国家选举，还可以参与其他共同体的选举，而且，甚至可以参与到全球公民社会的复杂关系网络当中。这些复杂的政治关系预示着，世界日益受到多种形式公民身份的限定、日益坚持明确的和已确立的一般规则和原则。在赫尔德看来，全球公民社会虽然也是达成全球公民身份必不可少的实践领域，但是它与其他的共同体一起构成公民活动的场所，相对于民族国家和其他共同体而言，并不必然具有优先性。这种理解与他对全球公民社会在全球治理体系中的定位是一致的，在很大程度上，这弱化了在公民身份走向全球的过程中全球公民社会的地位和作用，虽然弱化还不等同于否认。

　　更加引人注意的是，尼各·道尔明确将全球公民身份与全球公民社会、全球治理和全球民主联系起来理解。他认为，普遍认为达成一种新的世界秩序的途径是加强全球公民社会，在其中更多的人更加积极地参与到更多的结社和网络中去，但是这只是一种经验性的联结：全球公民被包含进全球公民社会是因为这是促进这种议程的一种有效方式。成为一个全球公民并不是依参与全球公民社会来定义的。作为一种理想的全球公民现在利用和发展全球公民社会，仅仅是因为它是达成某种不同于全球公民社会的目标的垫脚石，而最终的目标是要实现一种世界民主，在其中，我们才能被称为公民。① 在道尔的理解中，全球公民身份、全球公民社会、全球治理和全球民主是从不同的角度对当前世界秩序作出的判断，它们之间的内在联系在于，个体（全球公民）是全球社会（首先是全球公民社会）的成员，全球社会的功能之一是通过一种特殊的参与过程或方式（全球民主）来促进公共事务的管理和调整（全球治理）。从规范的意义上讲，这四个概念的共同之处在于：一、它们的基本导向是实现一种全球伦理；二、对民族国家的普遍批判；三、不仅关注国家应该做什么，同样也关注个体在推进全球目标中的角色；四、乐观地看待这个世界中正在发生的变化，认为它是好事情或者是被欲求的。② 在这种分析中，非常确切的一点是，全球公民身份是这四个概念所构成的概念体系的核心，它

---

① N. Dower, Situating Global Citizenship, in *The Idea of Global Civil Society: Politics and Ethics in a Globalizing Era*, (ed.) by R. D. Germain and M. Kenny, Routledge, 2005, p. 107.

② Ibid. pp. 103-106.

与全球民主、全球治理的关系如上述与全球公民社会的关系一样是易于为人了解的。全球公民身份的建构不仅要求推进全球公民社会的发展,它同时意味着一种新型的全球民主以及一种重视全球公民社会和公民个体责任的有效的全球治理体系。总之,道尔认为对全球公民身份的思考应该植入变动的全球现实及全球政治理论之中,只有这样才能揭示出它所蕴含的公民个体而非国家是全球共同体的成员、对个体责任和伦理的强调等多重意义。

总之,虽然当谈论全球公民身份时,大多数人习惯于将它与全球公民社会相联结,就像我们总是将公民身份与民族国家或特定的政治共同体相联结一样,事实上,当前公民身份表现出的跨越国家边界走向全球的趋势并非仅仅是全球公民社会发展的结果,更是复杂的全球秩序变化的需要。而从理论建构上来看,虽然一些激进的学者认为只有通过全球公民社会才能促成全球公民身份的形成,但更多的学者则倾向于承认或者强调民族国家在公民身份向全球扩展中的重要作用,坚持一种公民社会是民族国家的补充物而非替代物的观点。然而,理论上的差异并不掩盖这样一种几乎已被公认的趋势,即在全球化进程中,公民身份不可避免地要突破国家边界,正如 Linklater 所论证的,全球公民身份是普遍理性和普遍价值发展的必然结果。现在,关键性的问题已经发生的转移,先前我们主要关注是否需要一种全球公民身份,如今我们更需要思考一种可欲求的全球公民身份究竟意味着什么,它的实现前提又是什么等问题。

三、全球公民身份何以可能

全球公民身份理论尽管是不成熟的,但它的出现加深了人们对"全球公民"(或"世界公民")这个古老概念的理解。随着人类历史的发展,个体必然摆脱民族国家边界的束缚,成为一个联合的全球社会中的公民,作为完整的和平等的社会成员而受到对待。但是,在民族国家仍然是国际关系主导行为体的今天,显然只能怀着一种期待的心情来谈论这样一种全球公民身份的理想。民族国家一如既往地横亘在全球公民身份与公民身份之间,如何消解这两者之间固有的张力,成为全球公民身份论者面临的最大难题。

艾利斯·马瑞恩·杨尝试着解决这一问题。杨的努力从对全球公民身份本质的重新认定开始,她认为,这种新的公民身份不等同于传统的普适性公民身份,"将公民性定义为一般性并不表示所有对社会事务的经验、需求与观点都有表达的机会且都能受到尊重。并非所有的人都采用一个一般性的观点,且在一般性观点之下,并非所有的经验与观点都能够被理解并且被考虑。社会群体的存在意味着人们拥有不同的(虽然未必排斥性的)历史、经验以及对于社会生活的不同观点,这也意味着他们无法完全理解其他群体的经验。没有一个人可以宣称一般的利益,因为没有一个群体可以为另一个群体代言,当然也没有谁可以成为全体的代言人。因此,为了让所有的群体经验和社会观点能得到表达、被聆听以及被考虑,唯一的方式就是让他们在社会中拥有特殊的代表权。"①她提出了"群体代表权"(group representation)的概念,并指出,近年来的解放性社会运动已经发展出许多以异质公众为理念的政治实践,并且他们至少部分或者暂时地建立了这样的公众群体。这些主张群体差异的社会运动在近年来获得了一定的群体代表权。

群体代表权构成了杨的"差异性公民身份"(differentiated citizenship)理论的基础,而这种理论被认为"对占主导地位的公民观念构成了严重挑战"。差异性公民身份被杨视作"实现每个人被纳入完全的公民身份,并作为完全的公民进行社会参与"的最好途径。她试图论证,公民身份的普适性,在每个人都被包括和参与的意义上,与现代政治理念中其他两种普适性的涵义之间远非是相互支持的,而是充满张力。这两种普适性的涵义分别是,作为"一般性"(generality)而言的普适性,以及作为平等对待的普适性。首先,公民行为所表现或者创造出来的公意(general will)超越了群体联系、地位以及利益的特殊性,在实践中排除了那些被认为不能接受这个一般性立场的群体;这种坚持公意的公民观倾向于对公民强制以某种同质性。当代的公民复兴论者,就其坚持公意和共同生活的观点而言,他们含蓄地支持这种排斥和同质性。因此,杨认为,每个人被纳入而且参与的公共讨论和公共决策需要一套群体代表的机制。其次,在群体之间存在着能力、文化、价值以及行为方式的差别,某些群体拥有特权。如果严格遵循一种平等对待的原则,将会使压迫或者弱势状态趋于固化。因此,每个人在社会和政治体制中被包括而且参与的目标有时需要考虑到群体差异(group differences)的特殊权利(special

---

① 艾利斯·马瑞恩·杨:《政治与群体差异:对普适性公民观的批评》,载许纪霖主编《共和、社群与公民》,江苏人民出版社 2004 年版,第 292 页。

right），以此来瓦解造成压迫和弱势境地的根基。①

这样，全球公民社会的动力机制就被看作是对群体代表权的追求，而全球公民身份实质上演变为一种差异性公民身份，这即是说，要充分实现公民权利，公民必须在全球公民社会的不同群体中扮演不同角色。因此，全球公民身份与民族国家的公民身份之间就只是代表性不同的问题，相互之间并不存在一种尖锐的冲突，公民既可以恪守对民族国家的义务以作为政治权利的交换，也可以参与全球公民社会的行为以实现特殊权利，而国家只需平等地对待不同公民群体的差异性要求。这种看法显然是非常理想化的，它试图回避这样一个问题，即现有的对全球公民身份的理解所带来的与民族国家公民身份构成的纵向冲突。在现有理解之中，全球公民权利概念意味着超越了民族国家权利的公民的普遍权利。换言之，当两者发生冲突的时候，理应是后者服从前者；即使没有表面上的冲突，前者也意味着对后者的挑战，因为如果存在对一种全球公民权利的信仰，那至少说明在民族国家的范围内公民并不能够获得全面的发展，这样，矛盾实际上还是存在的。而在杨的理解之中，全球公民权利与民族国家公民权利之间是可以和平共处的，全球公民社会中争取群体代表权的斗争恰恰为民族国家提供差异性的公民权利提供了方向，问题关键不在于这种斗争构成了对民族国家公民身份的威胁，而在于在这种形势下，民族国家为实现公民权利找到了新的方向。用扬的语言来表达，国家公民身份和世界公民身份已经构成了一个连续统，而这个连续统现在至少已经显出轮廓来了。

当然，杨也看到了，即使以差异性公民权利来理解全球公民社会，也存在着一个问题，即这种差异性如何才能得到调和，因为特殊权利之间并不必然是和平的，各种冲突不可避免。对此，杨希望借助于哈贝马斯的商谈伦理理论来解决，虽然她批判哈贝马斯对于一种普适性价值观的追求，她写道："在一个理解超越性规范真理的哲学王缺席的时代，一项政策或决议是否公平，它的唯一基础是通过真正促进公众所有的需要和观点的自由表达来获得的。"②群体代表权为平等协调提供了最好的环境，而持续不断的商谈能够缓解冲突。杨乐观地认为世界性公共领域的现象今天"首次在一个世界公民交

① 参见艾利斯·马瑞恩·杨：《政治与群体差异：对普适性公民观的批评》，载许纪霖主编《共和、社群与公民》，第 276 页。
② 同上，第 292—293 页。

往关系中成为政治现实",世界公民地位已经在全世界范围的政治交往形式中形成起来了,世界公民状态不再是一种纯粹的幻想,即使我们离它还相距甚远。①

依靠全球领域的公共协商真的能实现充分的公民权利吗?杨的理论显然还值得进一步的推敲。在对此做出评论之前,有必要引入另一个概念——复合公民身份。这一概念的提出者是戴维·赫尔德,他被誉为"为数不多的试图既在国内又在跨国的或者全球的机构中系统地探索全球化对公民的意义的几个理论家之一"②。赫尔德对公民身份的关注持久而深入,是这一研究领域中最为重要的理论资源。

具体而言,赫尔德认为,全球通讯的发展为人们提供了"目睹和参与"全球发展的新途径,从原则上讲,这开启了新的认同过程机制的可能性。虽然许多事件发生在遥远的地方,但现代的通讯手段能够使人们接近甚至卷入其中,并对世界上许多地区的人们的日常生活产生即时的、直接的撞击。此类发展已经被认为造就了一种全球归属和全球脆弱性的意识,这些意识超越了对民族国家的忠诚。他指出,全球意识的根据可以在一系列各种各样的过程和力量中得到发现,这些过程和力量包括有明确的区域性和全球性目标的跨国性草根运动的发展,如保护自然资源和环境,以及减少疾病、不健康和贫困等。像绿色和平运动之类的团体,它们的部分成功正是得益于它们有能力向世界表明,它们所寻求去着手解决的跨国家和跨区域的问题是相互关联的。此外,众多的行为者、机构和组织——从区域性政治组织到联合国——因国际问题和跨国问题的关系而聚合在一起,这也进一步表明了一种不断增长的全球政治的走向。最后,把承担人权义务看作是对各民族的尊严和正义而言所不可或缺的——人权牢固地根植于国际法并得到诸如大赦国际之类的跨国团体的支持,这一点也是对一种新的"全球观"的额外支持。正像有些人坚决主张的那样,这些因素都是一个正在出现的"全球公民社会"的不可分割的组成要素。但是,赫尔德继而指出,以上主张,从某种程度上讲还不够成熟,因为"新型通讯系统在创造接近其他民族和国家的途径、开辟政治合作与发展的新道路空间的同时,也引起了人们对差异的认识,即对生活方式和价值

① 尤尔根·哈贝马斯:《公民身份和民族认同》,载哈贝马斯《在事实与规范之间:关于法律和民主法治国的商谈理论》,三联书店2003年版,第680页。
② 威尔·金里卡:《少数的权利:民族主义、多元文化主义和公民》,上海世纪出版集团2005年版,第351页。

取向多样性的认识。这种认识尽管可能增进理解,但也可能导致人们对什么是差异津津乐道,从而导致文化生活进一步分崩离析。"①传播媒介的全球化包含着一系列复杂的过程,它们影响着各种层次的政治认同。在整个世界范围内,传统的政治认同可能在很大程度上遭遇自下和自上的双重挑战。然而,尽管一方面是牵动民族认同的引力,另一方面是当代文化与通讯体系的多元取向,而且两者之间的断裂在不断地增长,但是,这样一对异质化的压力会有什么样的具体后果,还远未清晰可见。赫尔德写道:"全球文化和民族认同虽然已转向于一个国家权力更加广泛的通讯结构中,但还是不能断言,究竟是一种全球文化会脱颖而出,还是各种民族(国家)认同会经久不衰。结果是不确定的;基于同样的原因,在这个复杂的网络中,民族国家未来的文化地位也同样是不确定的。"②

因而,赫尔德对公民身份所持的是一种变革的观点,既肯认它向全球扩展的可能性,同时不放弃传统公民身份的重要性。为此,他明确指出,个人能够在不同程度上为不同的目的卷入到不同的联系和团体之中③,从而确立了建立一种新型的"复合公民身份"的基本思想。显然,复合公民身份是在仍然坚固的民族国家公民身份与势不可挡的全球公民身份之间寻找平衡点。与杨极为不同的是,赫尔德并没有变更我们对公民身份这一概念的传统理解,其理论倾向相对而言比较保守。他所提倡的复合公民身份既保留了旧的传统,又体现了新的因素,尤其重要的是,他并没有抹杀两者之间的冲突,而是认为借助于一定的机制,两者可以并存,这种机制,便是他所提出的"世界主义民主"或"全球社会民主"。

赫尔德认为,在全球变迁当中,全球公民之间不可避免地会存在许多利益冲突,但是也会有许多共同的诉求,比如加强多边主义、建立提供全球公共物品的新机构、管制全球市场、深化责任、保护环境,以及急需纠正每天杀害数以千计的男人、女人和儿童的社会不正义等等④。这为我们创造了建立一种世界主义原则的空间。世界主义原则可以作为制定标准或界限的基本价

---

① 戴维·赫尔德:《民主与全球秩序:从现代国家到世界主义治理》,上海世纪出版集团 2003 年版,第 131—132 页。

② 同上,第 133 页。

③ 戴维·赫尔德、麦克格鲁:《全球化与反全球化》,社会科学文献出版社 2004 年版,第 81 页。

④ 参见戴维·赫尔德:《全球盟约:华盛顿共识与社会民主》,第 215—226 页。在这一章中赫尔德具体探讨了全球社会民主的指导性伦理原则、制度目标、优先措施以及长期措施。

值,任何个体和组织都不得违背;并且它可以被当作某些政治管理和法律制定形式,它创建的权力、权利和约束超出了民族国家的要求之外。他写道:"世界主义可以被当作道德和政治前景,它依赖于自由主义多边体制的力量,尤其是它信奉普遍标准、人权和民主价值观,而且试图具体规定所有人行动的一般原则。这些普遍原则,能够在管理人们生活的机构决策中形成保护和培养每个人平等利益的基础"①。赫尔德强调,世界主义不是由另一个时代的政治理想组成的,而是内在于已经以独特方式改革了国家主权的规则体系和机构当中。

　　具体到什么是世界主义,赫尔德将它归纳为一组原则,其中八个方面最为重要,它们是:平等的价值和尊严、主观能动性、个体责任和义务、同意、公共事务须通过投票程序集体决策、包容性和从属性、避免严重伤害、可持续性。第一个原则承认道德关怀的终极单位是个人,而不是国家或其他任何特殊的人类组织形式;第二个原则承认,如果第一个原则得到了普遍承认和接受,那么人类能动性不能被理解为纯粹传统或命运的表达;而必须被视为反作用能力——不仅仅要接受,还要在其他人选择的前提下影响人类共同体。主观能动性意味着人类自觉推理的能力、自省和处决的能力。第三个原则的含义可以理解为,人们不可避免要选择不同的文化、社会和经济计划,这些差异必须得到承认。第四个原则认识到坚持平等价值和平等道德价值以及主观能动性和个人的责任都要求非强制性的政治过程。原则五承认,尽管合法的公共决策是来自同意的决策,但是这必须跟集体决策的决定性阶段的投票行为联系起来,必须跟多数原则的程序和机制联系起来。原则六试图阐明在集体决策的单位周围划定合理界限的基本标准,简单来说,它意味着那些明显受公共决策、问题或程序影响的人,应当在其他条件相同的情况下拥有相同的机会直接或者通过选举产生的代表间接地影响和塑造它们(公共政策等)。原则七为公共决策确立了明确的出发点和指导的取向。原则八试图确保公共政策和全球生态环境平衡一致。②

　　赫尔德试图为世界立法,为全球公民设定权利和义务,为民族国家制定行为准则。然而,这种绘制全球底线伦理的努力能否取得成效却是值得怀疑

----

① 戴维·赫尔德:《全球盟约:华盛顿共识与社会民主》,社会科学文献出版社2005年版,第228页。

② 同上,第227—238页。

的。赫尔德本人也承认的,他所提出的世界主义价值观至少是充满争议的。且不论这种价值观的内容如此,它应该如何形成以及能否形成都构成了大问题。杨尚且推崇哈贝马斯的商谈伦理,而赫尔德的理论一向被批评为"国家中心主义"的,是"自上而下"的,即使引入商谈伦理理论,在世界主义价值观没有确立之前,商谈又如何能够在不同民族、不同文化之间进行? 换言之,如果哈贝马斯理论中的问题不能得到合理的解决,那么,无论是"差异性公民身份",还是"复合公民身份"都将难以实现,在相当长的时间之内,我们所要面对的仍然只应是民族国家公民身份。对此,威尔·金里卡结合对赫尔德理论的反思,明确指出:"我想建议,对国内公民地位的前景我们应抱一种比他暗示的更为乐观的态度,但是对全球公民地位的态度则不要那么乐观。"①

金里卡提醒我们应该现实地看待全球化对民族国家造成的影响。他指出,赫尔德的研究在很多方面夸大了全球化对民族国家的影响,在民族国家认同问题上更是"极端地夸大了实际情况"。他认为,虽然"一些决定生存机遇性质的最基本力量和过程的确都超越了国界,但是,决定着'命运共同体'界限的不是控制人们的各种力量,而是人们回应这些力量,特别是当人们回应这些力量时认同哪类集体。如果人们关心彼此的命运,并且希望分享彼此的命运,那他们就属于同一命运共同全——也就是说,他们希望一起迎接某些挑战,以至于他们有福同享有难同当。换句话说,如果人们对彼此的命运具有某种责任感,因此希望一起商讨如何集体应对共同体所面临的挑战,那么他们就属于同一命运共同体。据我所知,从这一意义上说,全球化并没有削弱民族国家组成独立的命运共同体这一观念"②。金里卡举例说,北美自由贸易协定并没有使北美人感到自己是单一"命运共同体"的一部分,也没有其成员关心并且希望分享彼此的命运。大多数公民继续珍视民族作为一个集体审时度势的能力,而这种审时度势是以他们自己的民族团结和民族事务的轻重缓急为基础的。民族国家的公民仍然以特有的方式行使着自治权,反映着他们的民族政治文化,公民仍然希望作为民族集体来正视全球化的挑战,这反映了他们在历史基础上的团结与分享彼此命运的愿望。所有这些都使参与国内政治具有意义和重要性。因此,全球化不需要缩小国家层次上的民主公民的概念范围,他写道,"我对我们能否可以创造跨国公民的概念深表怀

---

① 威尔·金里卡:《少数的权利:民族主义、多元文化主义和公民》,第 351 页。
② 同上,第 354 页。

疑。我想至少在可预见的将来,我们对跨国公民不应抱有过分的期待。"①

提出这种观点的金里卡并非没有看到全球范围内的结社运动及其对人的观念和意识的影响,他表示自己非常赞同非政府组织应当在联合国和其他国际组织中发挥更多的作用,支持建立一个全球公民社会,在这个社会里人们可以调动其他国家的公民反对发生在自己国家的侵犯人权或破坏环境的事。但他认为,把这描述为跨国机构的"民主化"或者在跨国层次上造就民主公民,则会把我们引向歧途,因为,这些提议毕竟不会建立任何形式的集体协商和集体决策机制从而将跨国界的个人联结在一起。作为绿色和平运动的成员而行动,并不会真正涉及到跨国层次上的民主公民地位。个人或非政府间组织的跨国行动主义不同于民主公民权。而且,试图创立跨国公民的真正民主形式可能对国内层次上的民主公民权产生消极后果。总之,金里卡相信:"全球化无疑会创造一个新的公民社会,但是它还没有创造出任何我们可以视之为跨国民主公民的东西。我也不太清楚我们是否应追求成为这种新形式的公民。我们许多重要的道德原则应当是世界性范围的——如人权原则、民主原则和环境保护原则——我们应设法在国际上推广这些理想。但是,我们的民主公民在可预见的将来仍然只会是国内的民主公民。"②在另一处,金里卡写道:"(这意味着)至少在可预见的将来,民族国家仍然是实践民主的公民资格的主要场所。这并不是要否定下述观点的重要性乃至必要性:要使国际机构在民主的形式下担负责任。但由于在跨国层面上建立慎议民主和促进大众参与尚有很大的困难,我们也许应该把世界民主的发展建立在民族国家之内的民主成就上。换言之,跨国民主的成功也许应该基于国内民主的健康发展:如果跨国家政治机构的规则和决策首先在一国之内的民主场得到论辩和通过,它们就会以最好的方式进行运转。如果是这样,强调维系国内民主所需的品德、行为和诚信,就不像初看之下显得那么目光短浅。"③

金里卡在强调民族国家公民身份在当前的重要意义以及质疑全球公民身份的可能性时以经验事实为依据,其强大的说服力不容轻易反驳。不但如此,从理论上看,有关全球化、全球公民社会与全球公民身份之间联系也缺乏论证,全球化虽然激发了全球意识,甚至提出了确立一种全球价值观的必要

① 威尔·金里卡:《少数的权利:民族主义、多元文化主义和公民》,上海世纪出版集团、上海译文出版社 2005 年版,第 358 页。
② 同上,第 361—362 页。
③ 威尔·金里卡:《当代政治哲学》(下),上海三联书店 2004 年版,第 568—569 页。

性,全球公民社会在某种程度上可以说是一种全球意识的实践,也是一种追求全球性公民权利的实践,但这些都不能说明全球公民身份的实现条件已经成熟或者部分成熟了。公民身份是一个权利性概念,如果脱离了特定的共同体,也就丧失了主张权利的对象,进而也丧失了维护权利的权力,换言之,如果没有与权利相对应的义务,没有监督义务实施的政治权力,权利就不成其为权利。全球公民社会所提倡的各种权利(特殊的也好,普遍的也好),在缺乏一个全球政体的情况下,都只能依赖民族国家来实现,这等于说,在这种情况下,如果一种所谓的全球公民权利要想获得实现,它都必须被转化为一种民族国家公民权利,在民族国家内部来完成。

综上所述,可以说,尽管全球公民社会为"全球公民"制造了广泛的活动空间,推动了全球公民身份概念的兴起,对民族国家公民身份的概念形成了挑战;也尽管全球公民身份的实现将是一种历史必然,全球公民社会必将在这种必然性中发挥它应有的作用;但在当前及相当长的时间里,由于政治现实的局限性以及理论准备上的不足,"国家在我们的政治思考中仍然居于主导地位,因而使得创立一个国际主义的公民的概念或者是的公民的概念变得困难,"①民族国家公民身份仍将主导我们的意识和行动。

---

　　① 　昆廷·斯金纳、博·斯特拉思:《国家与公民:历史·理论·展望》导论,第 8 页。

6　全球公民社会与民主

　　对执政党缺乏信任、反对党丧失生机、"人民"的政党迅速衰败,这些现象无不表明西方国家的"民主政治"普遍陷入了危机。[①]　不仅如此,在世纪之交,随着作为传统民主试验场的民族国家日益被卷入全球化进程之中,国家主权受到越来越多的制约,"世界各地的民众似乎对本国政府的效能日渐失去了信心,而且似乎正在失去对民主的信仰"[②];与此同时,以联合国为代表的国际组织因其无法真正独立于以美国为首的西方势力而民主地运作,正遭受着来自各方的诟病。鉴于此,许多学者指出,全球性的民主危机正在形成,为此,一种突破传统民主概念的新型民主理论应该被引入并付诸实践。在以赫尔德的"世界主义民主"为代表的全球民主构想中,全球公民社会成为与国家、私营部门相并举的未来民主建设的三大支柱之一。而在全球实践中,全球公民社会正通过其多元的诉求和活动推动着民主的发展。可以说,新世纪新民主的希望主要是全球公民社会所带来的,但是,这种希望能否实现却是另外一个问题。

一、全球性的民主危机

　　卡尔·科恩在《论民主》一书的中文版序言中指出,自由和平等是民主的两个最重要的目标。自由使民主成为可能,社会成员必须自由地去做自治所

---

　　① 克里斯托弗·考德威尔:《西方国家"民主政治"陷入危机》,摘自英国《金融时报》,2005 年 11 月 19 日。
　　② 联合国开发计划署:《2002 年人类发展报告:在碎裂的世界中深化民主》,中国财政经济出版社 2002 年版,第 53 页。

要求做的事情——没有限制地发言、写作和集会；参加各种组织和竞选活动，这是日常民主生活的实质性内容；以及只是依据每个人自身的功过公平地竞争职位或晋升。这种信念，即认为人应该自由地管理他们自己的信念，建立在我们认为人在本质上是平等的信念之上。① 这样的观点现已获得了广泛的肯认，民主不仅仅是指多数决定制，更意味着人民的统治以及实现这一目标的相关条件。在全球化进程之中，民主又获得了新的理解，著名的民主理论家戴维·赫尔德指出，"民主的含义，尤其是民主自治模式的含义，必须联系着一系列相互交叉的地方性、地区性和全球性结构和过程来进行重新思考。"②因此，我们今天谈论民主，所谈论的应是一个多维度、多层次的概念。

回顾战后民主的发展历程，我们看到，民主主要是一种西方话语，它成熟于西方，从西方逐步扩展到全球。当西方社会普遍进入福利国家时期，民主开始呈现出危机。基恩曾经指出，福利国家对多元异质因素的吸收促进了中立官僚制的发展，但是，在官僚体制下进行的国家对社会的全面干预却是一个复杂的矛盾过程：干预本身是对危机的一种应对，在其性质上来说理应是反应性的，这意味着国家机器会有选择地对待某些群体，其行为不可能是无偏向的；但官僚机构制定全面计划的职能却是通过建立在中立这一基础上的精打细算的、用数量表示的、专业化的手段来行使的。因此，"作为这种结构性问题所引起的后果，并且和自由资本主义阶段的政治相比较，'政治……越来越缩小成管理和（官方）获得喝彩'。"③随着新自由主义意识形态主导的全球化的进一步发展，福利国家更加拙于处理民主与发展之间的关系。面对劳动、资本、产品的快速流动所带来的社会变化，各国普遍"采取有害于社会团结一致，使社会的民主稳定性面临严峻考验的'削减'政策"④。据一项统计表明，经合组织在八九十年代的两个十年中已经增加了它们的收入，但是其中的多数国家也经历了日益增加的收不平等——这在英国和美国表现得最为前后一致和最剧烈。在 1979 年到 1997 年间，实际人均国民生产总会增加了 38%，但是一个中等收入之家的收入只增加了 9%。因此大多数所得都被最富裕人口获取，最富裕的 1% 家庭的收入增长了 140%，是平均水平的 3 倍。

① 卡尔·科恩：《论民主》，商务印书馆 2005 年版，第 2 页。
② 戴维·赫尔德：《民主的模式》，第 440 页。
③ 约翰·基恩：《公共生活与晚期资本主义》，社会科学文献出版社 1999 年版，第 106 页。
④ 尤尔根·哈贝马斯：《超越民族国家？》，载贝克等《全球化与政治》，中央编译出版社 2000 年版，第 73—74 页。

最上层的 1％ 家庭的收在 1979 年是中等收入家庭的 10 倍,1997 年达到
23 倍。①

　　随着贫富差距的拉大,长期以来社会秩序赖以维持的福利妥协遭到了破
坏,一系列的社会问题在西方民主国家显现出来。针对此,哈贝马斯指出,西
方民主国家正在丧失民主的基础,这主要表现在三个方面:一是国家失去完
全的自主性,其控制能力减弱;二是决策过程日益缺乏合法性,"当民主决定
的参与者的范围不能覆盖这些决定的涉及者的范围的时候,就总要出现'赤
字'";三是国家失去了用以充分调控本国经济和刺激其增长的能力,从而难
以确保它们的合法性基础。② 在实践中,民主危机最明显的表现是,大多数西
方国家公众对议会政治、政府机构、政治家的信任等均呈下降趋势。就美国
而言,民众对联邦政府的信任从 20 世纪 60 年代的 57％ 下降到 90 年代中期
的 25％。③ 与此相关,西方国家的选举投票率大幅下降,特别是美国的总统选
举,投票率从 1960 年占登记选民的 96％ 下降到 2001 年的 51％;英国的投票
率从 1992 年的 78％ 下降到 2001 年的 59％;经合组织的其他八个成员国的投
票率都大大下降。同样,政党政治也面临着衰退。法国、意大利、挪威和美国
的党员数量只有 20 年前的一半,甚至更少。④ 卡尔·博格斯面对美国公共领
域的衰退惊呼"政治的终结",这一话语同样可运用于检视其他发达国家的政
治现实。

　　西方的民主在东欧共产主义垮台后没有欢庆胜利反而深陷困境,这种现
象的出现,据弗里茨·沙尔普夫的研究,是因为 70 年代以来日益增强的经济
跨国一体化,"这种一体化再次排除了民族国家的政治在战后几十年间逐步
发展起来的'以民主方式驯化资本主义'的能力。随着资本市场的全球化,分
配关系变得越来越有利于资方,而国家的经济政策则失去了借助凯恩斯主义
的需求管理方法来保证充分就业的能力。与此同时,商品和劳务市场的国际
化——在欧洲尤其是内部市场的形成——引发了各国'经济基地'之间的竞
争,这种竞争到处都促使政府减轻企业和资本收益的税收负担,并限制对劳
动关系和生产过程的社会调控。此外,由于劳动收入和消费支出的税务负担

　　① 联合国开发计划署:《2002 年人类发展报告:在碎裂的世界中深化民主》,第 21 页专栏。
　　② 参见尤尔根·哈贝马斯:《在全球化压力下的欧洲民族国家》,载《复旦学报》2001 年第 2 期,
第 115—116 页。
　　③ J. Nye,*Why People Don't Trust Government*. Harvard University Press,1997.
　　④ 联合国开发计划署:《2002 年人类发展报告:在碎裂的世界中深化民主》,第 59 页。

因政治原因也不能任意提高,所以经济基地竞争迫使人们限制社会福利国家的消费开支,并且压缩社会保障体系","摆脱了限制的经济所导致的社会问题能够从总体上削弱人们对民主政治的信任"。① 卡尔·博格斯也写道,"没有什么比公司扩张的过程更能削弱公共领域的基础、抽取政治话语的精华了"。②

另外,一些学者指出,信息技术和网络的发展也是引发西方代议制民主危机的重要因素。信息技术和网络使公众的政治参与渠道获得了极大的拓展,它创造了一种平台,既为公众获得各种信息提供了方便,也为人们表达自己的政治意愿提供了可能。这使得从前分散的公众能够通过网络迅速地联结起来实现政治参与,如绿色和平运动、大赦国际等全球公民社会组织在世纪之交的蓬勃发展都借助于信息和网络技术的突飞猛进。新技术与民主的这种结合催生了一种新的民主形式,即"电子民主"。电子民主的出现对代议制民主构成了极大的挑战。本来在电子民主出现之前的数年中,代议制民主就因为其间接性和精英主义的特征而暴露出一些弊端,而电子民主的特点正在于它的直接性与大众性,因此在电子化的时代,这种弊端就更为突出。阿尔温·托夫勒、海蒂·托夫勒认为,电子民主正在把依赖代表的间接民主转为依靠人们自己的直接民主,如今我们正处于这个转变过程之中。③ 同样,电子民主扩大了民主政治的主体范围,因为选民坐在家中,通过网络即可轻松投票,因此当电脑普及之后,每一位公民都拥有了进行政治参与的可能性。更为重要的是,电子民主展现了替代传统的、将民主等同于投票这一简单做法的可操作性方式,在某种程度上解决了一直难以突破的民主的"深度"问题。对此,有学者写道,"民主给予公民的不应只是普遍参与投票这样的机会,以投票为中心的民主只是提供了确定输赢的机制,它无法为公民提供基于自己的理由进行讨论和辩论的机会,缺乏在发展共识、塑造舆论、形成妥协方面的机制。深度民主应当是以对话为中心的民主形态。"④ 最后,民主一直以多数决定制为基本形式,该形式不可避免地导致了处于"多数"之外的少数

---

① 弗里茨·沙尔普夫:《跨国政治中的民主》,载乌利里希·贝克、尤尔根·哈贝马斯等著《全球化与政治》,第126—127页。

② 卡尔·博格斯:《政治的终结》,社会科学文献出版社2001年版,第13页。

③ 阿尔温·托夫勒、海蒂·托夫勒:《创造一个新的文明:第三次浪潮的政治》,上海三联书店1996年版,第96页。

④ 袁峰:《现代传播技术与深度民主的发展》,载《政治学》(人大复印资料)2005年第1期,第45页。原载《社会科学》2004年第11期。

群体的权利时常受到抑制甚至侵犯。随着全球化的日益推进，少数群体的权利意识日益觉醒，而新的信息和网络技术又为他们申张权利提供了便利，这促使了各式各样的社会运动的产生，比如同性恋运动、保护儿童权利运动等等。社会运动对权利的吁求不仅要求改变传统民主的形式，也促使更多的人反思民主的本质和价值。总之，围绕着民主的讨论在世纪之交愈发激烈，诸如参与式民主、协商民主、生态民主等新概念也为更多的人所关注，相应地，要求以直接的、大众的、商议的民主取代代议制民主的呼声也愈发高涨，传统民主的危机日渐加深。

　　虽然西方国家的民主危机从六七十年代就开始显露，到世纪末遭受着实践冲击以及理论批判的双重压力，但这种以政党政治、普选、分权等为主要特征的西方代议制民主仍然为许多发展中国家所效仿。在 20 世纪的最后二十多年的时间里，民主化已经成为一种世界性的潮流。据塞缪尔·亨廷顿的研究，在 1922 年至 1942 年的第一次民主化长波及 1843 年至 1962 年的第二次民主短波之后，世界自 1974 年进入了第三波民主化浪潮。在"第三波"中，许多威权政权走上了民主化的道路。亨廷顿的书中写道："在葡萄牙于 1974 年结束独裁后的 15 年间，民主政权在欧洲、亚洲和拉丁美洲 30 个国家取代了威权政权。在其他国家，发生了威权政权之下的大规模的自由化运动。还有一些国家，促进民主的运动获得了力量和合法性。尽管碰到了抵制和挫折，迈向民主化的运动变成几乎是势不可挡的世界潮流，而且从一个胜利走向另一个胜利。"[①]到 1999 年，全世界多党选举体制的国家数量已经达到 140 个，在 2000 年，民主政权的数量比 1980 年翻了一番，从 41 个增加到 82 个。

　　然而，民主化在全球的进程并非总是令人乐观，"大多数旨在实现民主化的努力是支离破碎的，涉及到大大小小的步骤，有前进有后退"。"在 90 年代后 5 年中撒哈拉以南非洲和南亚民主国家数量略有下降，这说明这样一个事实，即民主化'第三波'似乎已经停顿。在已经采取民主化步骤的 81 个国家中，只有 47 个国家被认为是完全民主的国家。其他许多国家似乎不见任何转轨的迹象或者跌落到权威主义或冲突之中，就像刚果民主共和国、塞拉利昂或其他国家那样。这在撒哈拉以南非洲和中亚尤为常见。在白俄罗斯、喀麦隆、多哥、乌兹别克斯坦和其他地方，一党制国家允许进行选举，但最终只允许有限度地开放政治参与。这些'有限的'选举的大多数因政治参与有限而

----

① 塞缪尔·亨廷顿：《第三波：20 世纪后期民主化浪潮》，上海三联书店 1998 年版，第 21 页。

蒙受损失。这些国家的公民对政府很少信任并对政治不满,尽管存在着正式的选举,这些国家常常由一个强有力的政党或集团支配。"①从这个角度来看,民主化的推广又似乎陷入了停顿,许多国家在向民主迈出最初几步后未能进一步巩固和深化民主,有几个国家甚至退回到权威主义政体。有 73 个国家,占世界人口的 42%,仍然没有举行过自由而公正的选举,有 106 个政府依然对公民自由和政治自由施加诸多限制。不仅如此,民主的全球化还受到异质文化的抵制甚至反抗,反对西方民主的人认为,"民主"是现代西方人从古希腊词汇中找到的最佳政治术语,全凭着权柄和势力说话,没有稳固的准则,一些国家已经尝试着寻找具有本国特色的民主化道路。然而,虽然"民主必须在当地的条件下发端,并服务于当地的条件"②,它并不必然与西方式代议制民主相一致,但民主的最低标准在全球的普遍实现也远未达成。

总之,在所谓的民主国家中民主的实现或充分实现仍然需要努力,全球的民主化进程也不是一帆风顺。不仅如此,当人们用民主的原则来衡量全球性政治事务时也发现,国与国之间、国际组织中同样存在着"民主赤字"或"民主不足"。

在全球一体化加速的同时,"在贫富之间、南北方之间以及那些欢迎全球经济的人与要求改变其方向的人之间,世界似乎更加碎裂和分化"③。国与国之间的差距也日益加大。2002 年,著名经济学家米拉诺维奇受世界银行的委托,对世界各国、各地区的家庭收入情况进行了比较和研究,研究对象涉及全球 84% 的人口和 93% 的收入。研究表明,目前,仅占世界人口 1% 的 5000 万个全球最富裕的家庭的年收入总和已经高于占全世界人口 60% 的低收入者的年收入总和。全球的低收入者主要集中在南亚、撒哈拉沙漠以南的非洲地区、东欧和前苏联等国家和地区。研究结果还表明,美国、日本、德国、法国和英国这 5 个发达国家内部的贫富分化问题是最严重的。上述国家内部不仅出现"富人更富,穷人更穷"的现象,而且这些富人主要得益于"全球化",他们还直接或间接地造成世界其他地区的贫困情况加剧。报告还指出,从全球范围看,"中产阶级"群体正在日益缩小,全世界贫富分化的现象在今后几年里还可能越来越严重。南北差距体现在经济发展、社会福利、发展机遇等各个方

---

① 联合国开发计划署:《2002 年人类发展报告:在碎裂的世界中深化民主》,第 15—16 页。
② 猪口孝等:《变动中的民主》,吉林人民出版社 1999 年版,第 11 页。
③ 联合国开发计划署:《2002 年人类发展报告:在碎裂的世界中深化民主》,第 1 页。

面。以信息参与的情况为例,1998 年底,全球因特网用户接近 1 亿人,其中发展中国家,也就是说"南方"用户只有 1000 多万户,仅占全部用户的 7.8%,而发达国家,即"北方"的用户有 1.2 亿人,占了 92.2%。2001 年,全球因特网用户接近 4 亿人,其中拉美、亚太、非洲和中东地区用户的总和才 1 亿人(拉美:1526 万人;亚太:8968 万人;非洲:311 万人;中东:240 万人)。这些数字表明,"南方"和"北方"在获得信息的技术和能力上存在着巨大的差异,这使得南北在参与全球性事务中处于一个不平等的起点上,从而直接影响到双方的发言权,全球民主秩序的建立因此受到直接影响。

　　国际组织的民主合法性也是当前备受关注的问题。以联合国、三大国际经济组织和欧洲联盟的民主状况为例,我们将看到,应该更加民主是这些组织面临的最大呼声。吸纳了世界上绝大部分国家作为成员的联合国尽管体现了某种程度的民主,但它在参与、代表性、透明度和责任性等几个方面同样印证着国际层面的"民主赤字"。联合国中深受非议的制度安排是设置了一个仅由 15 个成员国组成的安理会,并且其中又有 5 个常任理事国被赋予了特别的否决权。这种设置明显地存在着地区不平衡、大小国家不平等、发达国家与发展中国家的比例不相称等缺陷。另外,公民社会的作用虽然获得了联合国的承认,一些国际非政府组织还获得了联合国授予的咨商地位,但是联合国并没有赋予公民社会组织正式的参与权,它所采取的是俱乐部式的工作模式,即由相关领域的各国政府官员秘密磋商之后将达成协议,公众所面对的只是既成事实,等等。三大国际经济组织——世界贸易组织、世界银行、国际货币基金组织,一直以来受美国等西方国家集团的驱动,比如,依照惯例,国际货币基金组织的总裁来自欧洲,世界银行的总裁则由美国人出任,并且这些组织惯常以提供贷款或援助的方式向发展中国家施压,试图向这些国家输入新自由主义的经济模式。三大国际经济组织的价值取向、组织原则、运行机制等都受到普遍的质疑,甚至有人认为它们已经成为某些国家推行新帝国主义的主要工具。在欧盟,首脑会议、部长理事会、欧盟委员会拥有决策权,但它们不直接对民众负责,决策过程也不透明。尤其是掌握实权的部长理事会,几乎是在与媒体隔绝的情况下做出关系各成员国人民命运的种种决定。民选的议会则在欧盟中处于边缘化的地位,这表现在两个层面:一是在欧盟层面,欧洲议会无法针对欧盟执委会与部长理事会行使实质立法权与监督权;二是在各成员国层面,各国国会也无法影响欧盟的决策和否决政府实施欧盟的法律。这些现象在现代民主发祥地的欧洲引起了人们的严重关切。

早在 20 世纪 90 年代初,哈佛大学教授、英国社会民主党的发起人雪莉·威廉斯(Shirley Williams)就指出欧盟的"民主赤字",她认为欧盟不仅应代表欧洲政府,更应当代表欧洲人民。①

　　总之,民主危机在民族国家和国际领域普遍地存在,它引发了一些突出的问题,比如政治冷漠、社会分化甚至恐怖主义活动,这些问题如果得不到及时的处理势必影响到正常的国际秩序。近年来,除了各国政府和国际组织,还有许多力量也加入到促进民主政治的推进中来,其中,全球公民社会的努力尤其引人注目。

二、全球公民社会的民主悖论

　　民族国家和国际组织中普遍存在的"民主赤字"或"民主欠缺"引发了一场全球性的民主危机,几乎在同一时期,公民社会因其凸显了价值领域的公民本体论与政治领域的公民自主性从而带来了改进传统政治民主的新希望。

　　从战后的历史来看,公民社会的生长与民主之间确实存在着一种相辅相成的关系。在西方,干预式国家在石油危机爆发后成为众矢之的,失业、贫困等问题都被提升到与公民权相关的高度。在嗣后的改革中,民主是核心概念,而公民社会则扮演了重要角色。新自由主义改革的目标是实现"小政府、大社会",在 1989 年世界银行报告中首次提出治理和善治概念后,它更以治理理论作为改革的理论指导,而治理的基础与其说是在国家,还不如说是在公民和公民社会。新左派政治以"制度"而非技术的思路来化解福利国家面临的全球化风险,其理论核心也在"民主制度的民主化",即深化并拓展双向民主,使政府可以同公民社会中的机构结成伙伴关系,采取共同行动来推动社会的复兴和发展。这一时期,从非洲到东欧、从亚洲到拉美的诸多国家也走出了单纯对"人民统治"理念的追求,逐渐将参与的观点引入民主,使自决和自主的概念与民主相衔接。总之,20 世纪 70 年代以来针对国家的反应汇聚成了世界性的民主化浪潮。卡尔多在谈到这一问题时指出,无论是西方对干预式国家的新自由主义反应还是东方对家长制国家、威权主义和战争国家的

---

　　①　转引自陶文昭:《全球民主赤字的成因及治理》,载《政治学(人大复印资料)》2005 年第 11 期,第 48 页。原载《理论与改革》,2005 年第 4 期。

民主反应;无论是表现为对经济自由和财产权的吁求,还是表现为对道德、自治和个体责任的关注,针对国家的反应都强调个体主义,不但要求提高个人作为个体的参与权,还要求提高国家作为个体的参与权。①

可以说,公民社会已经成为全球民主改革和民主化进程中最重要的基础设施,在很大程度上,公民社会是否成熟已经成为衡量一国政治是否民主的重要尺度,甚至如意大利学者卢恰诺·佩利卡尼所说"没有公民社会,自由和民主就无法生存和发展"②。随着全球化进程的推进,公民社会之于民主建设的重要意义逐渐跨越国界,全球公民社会便成为跨国民主讨论中的核心所在。总之,公民社会与民主的关系,正如戈登·怀特所言"公民社会思想在任何关于民主化的讨论中都处于中心地位,因为它提出了社会力量在限定、控制国家权力并使之合法化方面所发挥的作用这一主要的问题。"③我们可以从民族国家和全球两个实践层面中看待这种关系。

在民族国家中,以中国公民社会与政治民主的关系为例。我们看到,在中国经济体制改革的推动下,不但个人独立性相对扩大,而且在政府行政组织之外开始了民间社会的组织化过程,中国的公民社会也逐渐发展起来。经济、社会、文化领域的非政府组织日益成为国家不能忽视的社会主体。随着经济和政治体制改革的推进,民间组织的作用也不断增强,逐渐成为联结政府和公民的桥梁。在中国,行业协会是民间组织的重要组成部分,行业协会积极向政府部门就有关经济政策、行政和法规提出意见和建议,争取政府政策支持,协调政府与企业的关系,以推进政治的民主化进程。它们不是致力于分配得利润给股东或董事,而是在正式的国家机关之外追求公共的目标,它以小型而又灵活的方式实现着公众的愿望,改变着国家与公民的关系。④

在全球层面上,全球公民社会对民主的促进作用是它们近年来获得广泛关注的最重要原因。比如,福音 2000 运动调动了世界各地的普通民众,使他们对于全球经济存在的不公平——无法偿还、而且本身也不公正的债务——

---

① M. Kaldor,*Global Civil Society:An Answer to War*, p.113.

② 卢恰诺·佩利卡尼:《什么样的社会主义》,载《未来的社会主义》,中央编译出版社 1994 年版,第 203 页。

③ 戈登·怀特:《公民社会、民主化和发展:廓清分析的范围》,载何增科主编《公民社会与第三部门》,社会科学文献出版社 2000 年版,第 69 页。

④ 参见孙立平等:《改革开放以来中国社会结构的变迁》,载《中国社会科学》1994 年第 2 期;王颖等:《社会中间层:改革与中国社团组织》,中国发展出版社 1993 年版;康晓光:《权力的转移》,载《中国社会科学季刊》2000 年夏季号总第 30 期。

表达了他们的关注,由此改变了富国对穷国的政策。富国的人民说,他们不需要偿还这笔钱;穷国的人民说,应该把收益拿来扶贫。各种学生联合会、母亲联合会和赞比亚的修女、秘鲁的神父站到了一起,来自 60 多个国家的 2400 多万民众用钢笔、铅笔、拇指、还有计算机,签署了世界上规模最大的一份请愿书。人民在引路,政治家开始紧随其后。① 再如,大赦国际的活动遍布全球,它对因种族、宗教或政治信仰不同而被不公正对待的人给予了实际的、人道主义的和不偏不倚的支持。截至 2003 年 4 月,大赦国际在全球 56 个国家和地区设立了分会,23 个国家和地区高有协调机构,另外在 33 个国和地区设有活动团体。有超过 50 万的成员活跃在全球 150 多个国家和地区。大赦国际秉持"公正"、"独立"、"民主"和"相互尊重"的原则,强调的是国际性的人权保护、全世界的大赦国际组织的会员都为那些被拘禁的和爱到不公平审判和枪决所威胁的个人出力,目的是达到使全世界人人都享有《世界人权宣言》和其他国际人权公约规定的人权标准。福音 2000 和大赦国际等国际非政府组织虽然并不直接致力于民主的建设,但是它们为公民参与政治提供了组织形式,尤其是为代议制民主中被忽略的"少数"和边缘人群体创造了利益表达的机会,因而越来越多的人将它们看作是民主的推进器。《2002 年人类发展报告》充分肯定了全球公民社会的这种作用,报告写道,非政府组织的活动"大大拓展了公民参与治理的范围,并促进结果的更加平等。总体上看,公民社会有助于加强民主制度,而不是削弱它们","通过一系列给人印象深刻的活动,公民社会运动已经在全球范围内推动着多元化"②。

公民社会与民主的关系,一方面,正如以上事例所表明的,有效的民主参与需要适宜的外在环境,这个外在环境便是公民社会,哈贝马斯将它理解为公共领域,帕特南将它理解为社会资本。在公民社会中,公民及其组织可以给权威施加压力以求变革,保护自己免受压制,并可能自下而上地实行民主化。离开了公民社会这个独立于国家的自治领域,就会缺乏对政治权力的最为重要的制衡物,政治权力与公民权利之间的平衡就难以达成。这种理解无疑预设了一个基本的前提,即公民社会本身是能够和谐运转的,它是公民教育的主要领域,能够培养有教养的政治参与者,能够为每一位公民提供民主参与的条件。然而,现实并非总是如此,许多学者的研究表明,公民社会也可

---

① 参见联合国开发计划署:《2002 年人类发展报告:在碎裂的世界中深化民主》,第 96 页。
② 同上,第 5、7 页。

能与暴力相伴相随,也可能为黑势力所控制,如戈登·怀特就指出,公民社会也包括了反民主的、非民主的和不民主的实体,推进一种本身并不必然包含民主理想的公民社会并不能保证政治制度的民主化。同样,全球公民社会的发展并不是一种崭新的全球民主秩序即将到来的预示。①

从最表层的现象来看,在战后的民主政治改革中,自由民主国家中的公民社会没有实现完全独立的地位,其自治是有限度的,公民社会的兴衰仍系于政府的政策选择,在公民社会与政治国家的博弈中,后者往往处于优势地位。比如,在"9·11"事件之后,西方各国的公民社会活动在政府"反恐怖主义战争"的口号下受到限制,全球公众对布什政府出兵伊拉克的反抗也并没有能够阻止这一行动。同样,近年来一些发展中国家或地区的公民社会获得了某种程度的自治权,但是尚未实现真正的独立,公民社会的活动受到各种政策的规制,其自主性难以发挥。在一些权威主义国家中,公民社会甚至可以以"由上至下"的方式发展壮大。东亚的民主化实践就是很好的例证,尤其是新加坡和马来西亚。总之,无论是在西方还是在东方,正如菲利普·施米特在谈到第三次民主化浪潮时所指出的,国家机关的政策对于公民社会诸部门的能力与范围有着特定的影响,或者如有学者所言,"任何一个公民社会都可能被任何一个国家创造、支持、操纵和镇压,并有可能被误导,离开政治权力的中心。"②

全球公民社会虽然跨越国界活动,似乎能够不受主权国家的约束,但事实上,所谓的"全球公民"首先是一国内部的"国家公民",国际非政府组织和社会运动也是存在于国际社会这个大背景之下,并且,国际非政府组织通常接受国家、国际组织和跨国公司的资助,两者之间存在着复杂的交易关系,这直接影响到全球公民社会作用的发挥。虽然许多例证表明全球公民社会能够影响民族国家、国际组织和跨国公司的某些决策,但是,这种影响一般是在它们愿意接受的范围之内,这种范围是根据利益来划定的,一旦超过其利益的底线,它们就会置全球公民社会的倡议于不理而自行其是。而且,在当前的全球治理结构中,与国家所拥有的巨大的政治实力和公司所拥有的巨大的经济实力相比,全球公民社会属于弱势的一方,它所依靠的仅仅是道德权威

---

① 戈登·怀特:《公民社会、民主化和发展:廓清分析的范围》,第66页。

② J. Ehrenberg, *Civil Society: The Critical History of an Idea*, New York University Press, 1999, p. 238.

和知识权威,力量十分有限。因此,全球公民社会所申张的劳工阶层、贫困和边缘人群的利益往往难以在政策制定过程中充分反映出来。更加引人注意的是,全球公民社会虽然唤起了人们对于一种古老的直接的、大众的民主的向往,但它们自身也没有能够摆脱"民主赤字"的困扰。

从全球公民社会的内部关系来看。首先,发达国家公民社会组织包括全球公民社会组织的规模高于发展中国家。据统计,包括志愿者,非营利组织雇员占总就业人口比例在西欧为 10.3%,其他发达国家为 9.4%,拉美为 3.0%,中欧为 1.7%,其他发展中国家水平更低。[①] 再如,得到 1999 年华盛顿西雅图世界贸易组织理事会认可的 738 个非政府组织中,87% 是来自工业化国家。南北非政府组织在规模上的差异直接影响着它们对国际事务的发言权,通常南方非政府组织难以对北方政府形成有效的压力,却又较容易受北方非政府组织政策倾向的影响。其次,全球公民社会组织是一种自愿的结合,其领导人通常非经特定的程序选举产生,而是由该领域中有声望的人担任,尽管选举并非民主的唯一特征,但若缺乏选举,民主则不完整。并且,在全球公民社会内部,那些作为领导人的社会活动家和积极分子同普通成员之间,在所拥有的知识、信息和其他资源方面存在巨大差异,这些不可避免地导致了公民社会中的"精英主义",知识权威和道德权威取代政治权威获得了对普遍公民的控制权。再次,大多数全球公民社会组织的内部并没有民主治理和问责的体制,而且全球公民社会组织特别是国际非政府组织大型化以后,领薪的专职人员所占比例不断增加,内部科层化程度逐步提高,出现了官僚组织所具有的文牍主义、人浮于事、程序烦琐、效率低下等通病。最后,全球公民社会远未形成一个和谐统一的共同体,地区差别,种族、民族、宗教、文化差距以及各种极端主义的意识形态等,像一道道鸿沟,把不同的公民社会组织分裂开来,并使他们之间产生误解、仇恨、对抗。这些都使得全球公民社会呈现出"碎片化"态势,并使公民社会呈现出黑暗的一面。

从全球公民社会的外部关系来看。首先,全球公民社会与民族国家政府、私营部门之间的关系不甚明朗,它对后者有着相当大的依赖性,依靠它们提供生存和发展的制度空间以及资金援助,因而,全球公民社会都未能较好地处理其自身政治化和商业化的问题。一方面,许多发达国家的非政府组织成为推行西方自由民主的政治制度和自由主义经济制度的排头兵,而发展中

---

① 莱斯特·萨拉蒙:《全球公民社会:非营利部门的向度》,第 12 页。

国家的非政府组织又常常难以摆脱"二政府"的形象。另一方面,由于全球公民社会在资金来源上日益依赖于服务性收费,出现了所谓的商业化倾向,这种倾向使真正有需要的贫困和边缘化群体难以享受其提供的服务。如果全球公民社会不能克服其政治化和商业化倾向,那么,面对普遍的、认为它不够民主的质疑,它将难以自圆其说。

　　全球公民社会内外关系所体现出来的这些特点直接影响着它的民主形象,其作用的发挥也因此受到限制。因此,当我们乐观地估计全球公民社会在缓解"民主危机"、推进民主建设中的积极作用时,不能忽视它本身同样存在的种种不民主的问题,只有这样,才能对它存在的意义做出公正的评价。

三、全球民主及其可能性

　　虽然全球公民社会并不必然是民主的,但是多数全球公民社会论者仍然赞同将它视作弥补主权国家民主赤字和全球民主赤字的最重要因素。卡尔多认为,全球公民社会意味着新民主,全球治理的框架和一个积极的全球公民社会为不同层次的参与提供了可能性。[①]修尔特也认为,全球公民社会促进的不同形式的发展都涉及民主概念和实践,传统的"民治民享"只意味着民族国家的统治,但在今天,治理超越了国家,共同体超越了民族,公民身份超越了民族的权利和义务,诸如参与、协商、公开讨论、代表性、透明度和责任性等问题如果仅仅在领土内的机构或共同体中就难以获得解释。而全球公民社会正好扩大了民主实践的范围,它创造了别样的大众参与渠道、大众协商模式、大众讨论论坛,创造了大众代表与选举议会和立法者的新场所,以及要求公开、负责任的治理的新的大众压力。这些创造使公民更近距离地接触了区域的和世界的规制代理机构(regulatory agencies)。这即是说,全球公民社会与存在于当代政治中的许多民主赤字正好是相反的。[②]

　　在诸多讨论中,全球公民社会所预示的新民主是解决民族国家民主危机和全球民主危机的关键所在。这不仅因为全球公民社会这一概念本身包含

---

　　① M. Kaldor, *Global Civil Society: An Answer to War*. p. 110.

　　② J. A. Scholter, Global Civil Society, in N. Woods (ed.), *The Political Economy of Globalization*, Macmillan, 2000, pp. 188-189.

了各民族国家内部的公民社会,更重要的是,在全球一体化的情势下,一国内部的民主危机非借助于全球民主的实现不能得以解决。哈贝马斯是这样认为的。他为了应对全球化对福利国家的挑战所提出的"进取型的第三条道路"即是主张建立起跨国行为主体,使它按照协调一致的世界内政模式来对全球系统施加影响,将政治置于市场的逻辑之前以对抗资本的动力机制。为此,"民族国家社会"应迈向"世界公民社会",为达成此目标,首要的是要改造民主的观念,既超越自由主义的民主传统又超越共和主义的民主传统,具体而言,就是要将主体间性引入到民主实践中,建立起一个体现话语民主的全球公共领域。哈贝马斯所理解的全球民主的实现与世界公民社会、全球公共领域的建立是同一个过程,三者相互借重。

虽然哈贝马斯的理想性化的话语民主理论受到众多的质疑,但是这种解决民族国家民主危机的理路却为许多学者所吸收。赫尔德同样指出,威斯特伐里亚模式由于其核心准则是信奉"有效权力原则"——在国际社会中强力最终就是正义,已经与国际共同体成员之间任何持久的民主谈判的要求南辕北辙了。同时,国家体系的等级结构本身,已经遭到了全球化经济的崛起、跨国关系与通讯的迅速发展、国际组织的猛增以及跨国行为及其行为者的发展这些因素的侵扰——所有这一切都向国家体系的效能提出了挑战。也就是说,全球化过程已经对民主政体构成了压力,它表明,政治、经济和社会活动的诸多链条正在成为全球范围的。因此,民主理论如果能够得以维系的话,必须既对全球秩序中变化着的民主含义作出解释,也对全球秩序对于民主组织发展所产生的影响加以说明。赫尔德所提出的"世界主义民主"理论便是对此做出的回答,他指出:"国家的民主体制如果想在当代得到维持和发展,就需要一种国际性的世界主义民主。"①

这即是说,主权国家的民主化和世界性的民主化是一个相互依赖着转型的过程,而后者在全球化时代的意义尤为突出。因此,对民主危机的讨论最后不可避免地落脚到对全球民主的探讨,而全球体系中的新兴力量全球公民社会也自然而然地在这场讨论中获得了重要的地位。因为正如米克什·马绍尔所说,"公民参与承载着自生自发的合法性",全球公民社会参与全球治理这一事实就预示着一种全球民主的来临。

---

① 戴维·赫尔德:《民主与全球秩序:从现代国家到世界主义治理》,上海人民出版社 2003 年版,第 24 页。

如此充分地肯定全球公民社会在全球民主建设中的重要性的观点是极为普遍的。比如罗西瑙认为,世界正经历着三个根本性的变化:从传统国家中心的无政府体系向一套新的多中心世界的两极格局转变;曾经在世界政治中显赫一时的权威已岌岌可危;世界范围内政治合法性和权威性标准的改变。① 罗西瑙通过提出"没有政府的治理"概念,构想了全球秩序中国家体系与非国家体系并存的二元格局。在这一格局中,全球秩序的民主化依赖于社会联系和社会参与,"通过在相互作用中加强社会力量,它将为民主化的实现做出难以估量的贡献"。②

受罗西瑙影响,美国学者迈克尔·哈特(Michael Hardt)和意大利学者安东尼·内格里(Antonio Negri)提出了"帝国理论"。"帝国"区别于传统的帝国主义,它不建立权力的中心,不依赖固定的疆界和界限,是一个无中心、无疆界的统治机器。帝国通过指挥的调节网络管理着混合的身份、富有弹性的等级制和多元的交流。③ 哈特和内格里认为,帝国首先是继民族国家的主权之后接踵而来的一种新型主权。它通过单一的主权原则把三种古典形式的政府——君主制、贵族制和民主制——合而为一而取消了这三者的相互更替。其中,一些强势国家和政府间组织在处理国际事务中常常体现出君王般的权力;当少数国家联合行使其权力时,贵族制表现得昭然若揭;而当民族国家并没有足够资格代表他们的人民退而诉诸非政府组织时,帝国就成为具有民主制或者代议制特点的制度。④ 全球公民社会的作用正在于它是帝国民主制借以实现的载体,与其他的力量一起共同支撑着帝国主权。

无论是罗西瑙的二元格局还是哈特等人的"帝国",实际上都是一种自由多元主义的状态,强调代表、分权、对公共权力的限制以及通过协商进行统治。这与全球治理委员会报告中的精神是一致的,代表着自由主义的全球民主理想。这种自由主义的民主多元主义有助于实现更为有效的代表以及国家和国际组织的透明度和责任性,但它仍无法解决困扰着全球治理的民主不健全问题。正如安东尼·麦克格鲁所指出,民主多元主义既忽视了国际体系

---

① 詹姆斯·N.罗西瑙:《没有政府的治理》,江西人民出版社 2001 版,第 325—328 页。

② 同上,第 308 页。

③ 迈克尔·哈特、安东尼·内格里:《帝国:全球化的政治秩序》,江苏人民出版社 2003 版,第 2 页。

④ 迈克尔·哈特、安东尼·内格里:《全球化与民主》,载斯坦利·阿罗诺维茨、希瑟·高特内主编:《控诉帝国——21 世纪世界秩序中的全球化及其抵抗》,广西师范大学出版社 2004 年版,第 168—169 页。

中权力结构的不平等,又忽视了全球资本与全球公民社会力量之间的权力失衡;它不愿意承认,权力的不平等往往使得民主成为强有力的既得利益集团的俘虏。①

从质疑自由主义的全球民主模式出发,赫尔德的世界主义民主和韦普纳等人的草根民主(或称为激进多元民主)理论都试图破解权力不平等问题,以建构一种不同于自由主义的全球民主模式。

赫尔德的世界主义民主理论以其著名的全球治理理论为基础。全球治理理论力图发展一套管理国内和国际公共事务的新规制和新机制,强调管理就是合作,认为政府不是合法权力的唯一源泉,公民社会同样是合法权力的来源,它把治理看作当代民主的一种新的现实形态。② 全球治理依赖于多元的决策主体,是一个政治权威和权力中心相互交织的体系,其中全球公民社会的地位受到了特别的重视。赫尔德强调:"如果社会运动、非政府组织、区域性的政治组织等被排除在全球治理的含义之外,那么,全球治理形式的动力将得不到恰当的理解。"③正是在这一意义上,吉登·贝克(Gideon Baker)将世界主义民主理论看作全球公民社会的模式之一。④

具体而言,赫尔德认为民主必须服从全球化变革对国内和国际权力中心的影响,"不然的话,民主在决定政治活动的样式和界限方面就很可能变得越来越缺乏效果。从这个意义上说,政治与市民社会的国际形式与结构,必须被构筑到民主思想和实践的基础当中去"。⑤ 为此,他构想了一种全球新秩序:"在区域性和全球性相互联系的情况下,只有当所有其他各种行动、政策和法律都是互相联系、互相交织的共同体都做出承诺时,人们在自主性方面的共同利益才能得到充分保护。因为,民主法若要有效,它就必须国际化。于是,民主主义者的责任,就在于实施世界主义民主法和建立世界主义共同体——所有民主社会的共同体。他们有责任建立政治行动的跨国性共同结构,这一结构本身就能够最终为自决的政治提供支持。"⑥此即世界主义民主。

---

① 戴维·赫尔德、安东尼·麦克格鲁:《全球化与反全球化》,社会科学文献出版社 2004 年版,第 144 页。

② 俞可平等:《全球化与国家主权》,社会科学文献出版社 2004 年版,第 35 页。

③ 戴维·赫尔德:《全球大变革:全球化时代的政治、经济和文化》,社会科学文献出版社 2001 年版,第 70 页。

④ G. Baker, *Civil Society and Democratic Theory: Alternative Voice*. Routledge, 2002, p. 117.

⑤ 戴维·赫尔德:《民主与全球秩序:从现代国家到世界主义治理》,第 143 页。

⑥ 同上,第 245—246 页。

其中,自主性被视为民主的核心,它是在七个权力位域①中充分实现的自主;而民主法则是民主得以实现的前提,它设定了基本的权利和义务。

在世界主义民主模式中,理想的世界秩序的建立依赖于各共同体建立一个联合的规则体系,全球公民社会受制于世界主义民主法的广泛框架,它既是治理的主体也是客体,本身并不具备一个自治的、积极活动者的身份。② 用赫尔德的话说就是,"自上而下的全球治理问题,不能仅仅通过基层民主的扩展来解决"。③ 这种观点仍属政治中心主义。世界主义民主想要超越国家主权,但在其理论中,国家仍是实现其建议的唯一行动者。这体现出"自上的"全球民主模式实际上在用国家主义模式思考公民社会问题,它预设公民社会和全球公民社会需要生长于一个既定的权力构架之中。这样,一个世界"国家"必须在世界民主之前产生,以作为全球秩序的司法者,但这样一来,全球公民社会又会陷入与政治权力的契约关系中,再次出现代表性问题。同时,因为"自上的"世界民主所依托的全球治理并不基于传统的领土权威和政治权威,而是基于对议题的处理,即专业权威和道德权威。如何选举代表对议题做决策,尤其当议题的边界频繁变动时? 这些问题进一步加深了全球治理的"代表性"难题。④"自上的"世界民主的不尽如人意之处还在于,它较多关注如何有效治理全球公共事务,而对多元权威如何联合以及每种独立权威的民主化问题缺乏兴趣。

草根民主理论关注全球公民社会本身,关注外在于国家和国际法的政治行动方式及组织运作方式,这与世界主义民主的国家视野形成了鲜明对比。⑤该模式认为全球民主的建立与其依赖于国家的主动建构,不如从业已形成的全球公民社会中寻找动力。这一理论的代表人物韦普纳曾指出,全球公民社会具有建构全球秩序的功能,它的影响总是能波及到全球生活的制度:首先,由于全球公民社会的多样性,规范集体的制度就可能因之而在无意中产生。全球公民社会仅仅由于它的存在就对世界政体施加了影响;其次,通过对民族国家施加影响而使相关政策制度化;再次,通过激发国家体系之外独立运

---

① 这七个权力位域分别指人身、社会福利、文化生活、公民社团、经济、对暴力和强制关系的组织、管理制度和法律制度领域。

② G. Baker, *Civil Society and Democratic Theory*: *Alternative Voice*. p. 117.

③ 戴维·赫尔德:《民主与全球秩序:从现代国家到世界主义治理》,第 300 页。

④ M. Kaldor, *Global Civil Society*: *An Answer to War*, p. 140.

⑤ G. Baker, *Civil Society and Democratic Theory*: *Alternative Voice*, pp. 117-119.

作的治理方式来参与全球治理。① 草根民主的另一股力量新葛兰西主义则看到一个由新自由主义推动的全球公民社会已经形成,它和新自由主义的国家一起构筑了资本主义的全球霸权。全球公民社会的民主意义在于它是无产阶级反抗资本主义霸权的阵地,是弱势力量寻求保护和变革的途径。

草根民主模式试图通过存在于全球公民社会中的分散的多元权利对抗政治霸权,实现全球秩序的民主化。然而,这种"自下的"民主忽视了全球公民社会自身的"民主赤字"。基于各种关于全球公民社会的统计数据,我们就会发现一个极不平衡的体系。如果遵照两分法,将经济纳入全球公民社会,则经合组织国家(OECD)在主导着跨国公司;从全球性公民组织的数量来看,西方远远多于东方,北方多于南方;从全球性交往和网络来看,一些国家甚至根本没有参与进来。不但如此,全球公民社会因其与国家和政治的紧密联系,其独立性和代表性都值得再思考,而全球公民社会与资本的微妙关系也使其所蕴含的民主意义变得复杂。正如赫尔德所说,全球公民社会的民主背景非常单薄,"全球政策进程的许多参与者,特别是那些全球公民社会的主导实体,也根本代表不了世界各国和人民的利益"。② 更重要的是,"自下的"民主模式并不能回答目前依然很弱小的全球公民社会如何才能获得对抗政治权力的地位以及如何穿透政治构架等问题。另外,这种民主模式更多地强调全球性伦理,强调道德和知识权威,在不同的价值取向尚未锻造出最基本的内聚力之前,这必将导致更大的冲突,放任的全球公民社会甚至可能会重返霍布斯所谓的丛林状态。

当前全球民主的推进,在某种程度上体现了自由主义的全球民主、世界主义民主和草根民主模式所包含的因素,但这一进程本身是复杂的,并且现存的主要理论都存在着一定的局限性,难以以某一种理论作为全球民主的未来图景。当前和未来的全球民主建设,正如理查德·杨的研究所强调的,我们最好将它看作是一个政府、公民社会和多国公司共同努力的过程,每一方都要克服自身存在的局限性,妥善处理合作共处中存在的冲突和斗争,以形

①　保罗·韦普纳:《全球公民社会中的治理》,载俞可平主编.《全球化:全球治理》,社会科学文献出版社 2004 年版,第 194—197 页。

②　戴维·赫尔德:《治理全球化:权力、权威与全球治理》,社会科学文献出版社 2004 年版,第 21 页。

成良性的互动关系。① 为达成这一目标,一种被称为协商民主的民主理论有必要引入到全球民主的讨论之中。

协商民主又被称作程序民主或话语民主,它建立在哈贝马斯的交往理性和程序民主理论的基础上,吸收了当代各种民主理论的精华,它主要关注以有效的形式充分实现民主的本质,体现了后议会民主和反思民主的特点。协商民主的主要内容是建立一种合理的语言交往条件使政治的进程可以预计并且得到合理性结果,其出发点是政治活动的走向,也即从意见和意志的形成过程出发,从形成构建意见和意志的普选活动和议会决议过程出发,所要实现的是一个非集权化的公开政治的构想。② 协商民主"既不低估对于全球治理制度改革自由依恋的价值,也不低估建造世界秩序的民主宪法的世界主义式的要求",③但它更强调一个开放、理性的全球公共领域对于民主建设的关键意义,因此它更多地授权予全球公民社会。协商民主关注自由、规制、理性和积极的表达,尤其重视民主程序;它强调协商是一个没有边界的过程。这与哈特和内格里所构想的斯宾诺莎式的"绝对民主"——没有任何界限,也不可度量,它不仅属于平等的个体,而且属于对于合作、交流、创造都平等开放的各种权力④——极为相似,但更加明确。协商民主理论为全球民主研究开辟了新的道路,但这一理论本身也存在着许多需要加以论证的地方。对协商民主最主要的批评在于认为这一民主模式忽略了对话各方的差异性,也没有回答一致性如何达成以及权力在对话中的地位等问题。对协商民主最深层次的追问则来自劳伦斯·汉密尔顿(Lawrence Hamilton),他提出,以同意作为民主化的核心要素,必须追问构成对话基础的各种需求是如何形成的,特定的体制造就了特别需要,因此,民主化的第一任务是重建需要和权利体系。⑤ 协商民主理论如何对这些问题做出回应将直接决定着它的生命力和适应性。当然,对此的具体讨论将构成另外一个话题。

总之,全球性的民主危机促使人们寻找摆脱这一危机的方案,在这一过程中,全球公民社会因其民主化的诉求而被认为蕴含着一种新型的全球民主

① R. Youngs, *International Democracy and the West : The Role of Governments , Civil Society and Multinational Business*. Oxford University Press, 2004.

② 尤尔根·哈贝马斯:《民主的三种规范模式》,载《包容他者》,上海人民出版社 2002 年版,第 279—292 页。

③ 戴维·赫尔德、安东尼·麦克格鲁:《全球化与反全球化》,第 151 页。

④ 迈克尔·哈特、安东尼·内格里:《全球化与民主》,第 172—173、175—176、182 页。

⑤ L. Hamilton, Civil Society : Critique and Alternative, in G. Laxer, S. Halperin(eds.), *Global Civil Society and Its Limits*. Palgrave Macmillan, 2003, pp. 69-80.

的希望。然而,虽然全球公民社会在全球民主化进程中正在发挥着重要作用,但由于它自身地位的确立尚需时日,并且它自身也面临着民主赤字问题,因而并不能仓促地对它寄予厚望。如何突破当前的种种局限迈向全球民主以及全球公民社会将在这一过程中扮演什么角色,都是需要进一步思索的问题。将协商民主理论引入到对全球民主的谈论之中,也许有助于我们加深对这一问题的理解,尽管协商民主理论本身也是值得深入讨论的。

结语:全球公民社会——一个正义的乌托邦?

尽管国际非政府组织、全球社会运动、全球网络等作为一种客观事实正影响着民族国家、全球资本甚至每一个公民的意识和行为。但是,由于诸如全球治理、全球公民、全球民主等概念仍然缺乏明晰性,更由于民族国家虽然遭遇挑战,但其地位依然重要,力量依然强大,许多人对全球公民社会这一概念是否能够成立仍然充满怀疑,即使承认它并不是一个伪命题,大多也倾向将它看作一个遥不可及的乌托邦。我们确实可以断言,以一种松散的全球性自愿结合来取代主权国家从而实现全球自治理的可能性,在可以预见的将来,是不存在的。但是,如果将全球公民社会仅仅看作一种松散的全球性自愿结合,无疑构成了对全球公民社会最大的误解。

如前文所述,全球公民社会作为一种政治策略和目标而存在,它既是一个争取全球资源再分配、伸张个体自由和权利的领域,同时也代表着对全球自由、民主、平等等目标的追求,是全球正义的化身。综观全球公民社会理论,虽然诸如哈贝马斯等学者认为全球公民社会的实现意味着全球社会自治理的达成,那么,民族国家自然而然就消亡了,但是,更多的理论还是倾向于将全球公民社会视作一个"实施政治策略的领域",是个体之间以及个体与政治、经济权威中心之间进行谈判、辩论、斗争以及取得同意的过程,[①]也即个体得以影响国家内外决策的过程。对此,有学者写道,"(全球公民社会)是世界范围内为人类共同幸福而展开的活动,以及由此形成的各种相互关系与斗争的舞台;它是为以实现处于沉默之中的人们以及集团基本人权为宗旨的社会;它是把个别的民主主义斗争于更高的普遍人权志向相结合的过程……无

---

① M. Kaldor, The Idea of Global Civil Society, in *Global Civil Society*: *Contestea Futures*, p. 104.

论怎么看,全球公民社会都是一种与国际体系权力建构的支配相对抗的、反权力的自主权力建构。也就是说,今天在一个国家领土范围内维护市民社会是很困难的,这就需要在市民社会之间结成的广泛关系基础上建立有法的保证的国际支配。"①

虽然 90 年代以来对全球公民社会的讨论非常多,然而直到今天,并没有一套系统的全球公民社会观,甚至对这一概念的理解也是众说纷纭,所以,在全球公民社会与民族国家的关系上还存在着以上两种对立的观点,是极为正常的。但是,恰恰是对这一问题的回答决定着我们将对全球公民社会做出一种什么样的评价。

如果赞同将全球公民社会看作对民族国家的替代物,那么,正如众多对"国家消亡论"、"主权终结论"的批判所指出的,这只不过是一种乌托邦的梦想,因为太多的证据表明民族国家不仅生命力依然强大,而且它还在不断地拓展自己的生存空间,未来的国家可能变得更加强大而不是萎缩掉;即使对这些理论做逻辑上的推理,它们也往往难以跨越一些非常明显的思维障碍。在本书中,我们所持的也正是这种批判态度。但是,我们并不因为肯定国家的作用而丧失对全球公民社会的信心。本书的分析同样表明,虽然无意取代国家,但全球公民社会鲜明的与政治权力相对立的属性,它旨在绕过政治权力实现自主治理的目标却仍然是非常明确的。这构成了我们反思全球公民社会的一个基本出发点,这即是说,在民族国家并不必然消亡的前提下,全球公民社会如何处理与国家的关系是它能否实现自身价值的关键所在。

全球公民社会与国家的关系在引论及文中有过较多的论述,在这里需要再做一点补充。根据卡尔多的研究,公民社会概念从强调经济社会的二分模式到强调社会文化建构的三分模式反映了这一领域的核心特征,即公民社会是建立在个体同意基础上的法制社会,公民社会的不同定义反映的是不同阶段产生同意的方式不同。② 在国家主义盛行的历史时期,公民社会希望市场能够成为达成社会同意的主要方式,而在经济主义肆虐的年代时,以社会协商达成同意的意义显得尤为重要。

具体而言,对市场之独立于政治的要求,从 19 世纪至今,其间经历西方福利体制的建立和改制,一直没有完全获得实现,直到今天,新自由主义仍希望

---

① 星野昭吉:《全球化时代的世界政治:世界政治的行为主体与结构》,第 305—306 页。
② M. Kaldor, *The Idea of Global Civil Society*, pp. 104-105.

通过公民社会来实现其市场乌托邦的梦想。在经济全球化得以展开的今天，新自由主义似乎找到了生命之源，不仅借机向全世界大力宣扬其自由主义意识形态，支持各国政府的市场化和自由化改革，并且耗费大量的精力和金钱支持各国非政府组织和国际非政府组织的发展，以实现全球经济一体化的目标。因此，在今天的全球公民社会研究中，存在着一个强大的甚至是主导性的阵营，即新自由主义的研究阵营。新自由主义的全球公民社会追求市场自治，所要实现的是与国家相分离的作为经济社会的公民社会权利。这种权利诉求最早在亚当·斯密的道德哲学和政治经济学说中体现。据皮埃尔·罗桑瓦隆（Pierre Rosanvallon）的研究，斯密似乎是第一个而且远远早于黑格尔从经济上懂得了市民社会的人。他的全部理论都试图"用市场观念来取代契约观念，不再从政治上而是从经济上理解社会"①。他的理论所确立的经济自由主义的基本原则，"从更深层次上反映了一种要求建立一个市民社会的愿望，而这个市民社会本身也要求实行自我调节。这样一种前景，从字面含义来讲，是一种非政治化的前景，即试图把市场社会变成一种新社会的雏形。这就是说，社会的（不仅是经济的）真正调节者不是（政治的）契约，而是（经济的）市场"。②

　　以经济而非政治的方式来实现社会调节，无疑是实现社会自治的一个关键性步骤，但是，这种"非政治化"的运动必须把握好它自身的限度。那么，这个限度应该在哪里，或者说国家和市场之间到底应该如何分工？对此至今没有明确的答案。斯密当年所界定的国家职能早已为现实证明是过于狭小了；而黑尔格虽然曾详细讨论过市民社会的种种不自足性，并建议回归政治，以国家主义的方式来实现社会秩序，但他似乎也没有提供一个好的具有可操作性的答案。非常不幸的是，问题的答案尚未找到，而新一轮的资本全球进程开始了。此次的"非政治化"进程，从表面上看，使发达国家和一些后发展中国家实现了"共赢"，人类发展达到了一个新的阶段，但是，它却将人类带进了一个前所未有的"风险社会"之中，全球性的不平等日益加剧，因经济至上主义导致的全球性问题不断增长，世界变得越来越不安全。显然，"非政治化"严重地偏离了正常的轨道。然而，对于此，国家的反应却是有限的。

　　如前文所指出的，对新自由主义经济霸权的抵抗，试图挽救处于边缘的

---

① 皮埃尔·罗桑瓦隆：《乌托邦资本主义：市场观念史》，第 80 页。
② 同上，译者序，第 7 页。

人群和国家虽然是全球公民社会兴起的最直接原因之一,但实质上,这一切都可以转化为因为对国家的失望而在万般无奈的境遇中寻求自救。可以说,正是因为国家没有很好地尽到规制资本权力、保护社会的义务,人们逐渐丧失了安全感,这才寻求变革的。鲍曼在《生活在碎片中》一书里曾经谈到过这样一种观点,个体往往不愿意自己做出决定,因为做决定就意味着必须经历选择的痛苦,还是由他人替自己做决定比较好。依据这种观点,对国家主义的反抗就不是反抗国家本身,而是反抗作为家长的国家为自己作了不好的选择,带来了自己所不愿意接受的后果。如果国家合理地规制资本,既实现了发展的职能,又实现了社会公正的职能,那么,这样的国家主义是能够被接受的。因此,如果说全球公民社会是在延续一种"非政治化"的追求,那么,它所追求的"非政治化"并不等同于完全排除传统的政治的"契约的"和经济的"市场的"调节方式,而只是希望在这两种调节方式之外,发展出一种新的调节方式——我们暂时称之为社会的"协商的"调节方式。并且,"协商"作为调节方式所要谋求的是从国家的强制权力中获得解放、与国家相联合共同抵制资本的盲目扩张以及消除资本对生活世界造成的不良影响。也因此,我们不妨将全球公民社会看作是一个试图既超越国家主义又超越市场主义的领域,是国内政治中的"第三条道路"向全球领域的延伸。吉登斯和赫顿合作的一篇文章中有过类似的看法,他们写道,现在需要的能够支持全球化的哲学"既不是新自由主义,但是它要像新自由主义一样,代表着与旧的民族国家框架的决裂,代表着与乌托邦国际主义(这种思想的根基是在全球层次扩展社会主义)的决裂……这种哲学是一种国际主义的第三条道路,在坚持社会民主主义价值观、热诚信仰民主、殷切地关注人权的同时,融入了更为有效的经济和社会治理。我们需要给正在兴起的全球公民社会添加制度和思想框架,以便使自由主义(我们说的是最好意义上的自由主义)在这个框架中能够摆脱其不能管理全球市场经济的宿命。"①

超越国家主义与市场主义并非一种不要国家和市场的观点。很多人看到全球公民社会与国家和市场相互排斥的一面,而忽略了它们之间的亲密关系。虽然在讨论中,我们也曾将全球公民社会不能独立于国家和资本看作是它的无法实现自主和自治的原因,但是,我们仍然认为,如果离开国家和市场,全球公民社会根本无法生存,它必须借助于政治权力来推行一系列的主

---

① 安东尼·吉登斯、威尔·赫顿:《回击》,载同前书,第 298 页。

张，而市场是培养其经济能力的场所。全球公民社会的自主和自治不在于它必须与国家和市场决裂，而在于在与他们的关系中保持相对独立性。

至此，我们可以借用克劳斯（Colás）的话来做一个基本的论断，全球公民社会"是国家和市场关系重建这个更为广泛的进程中的一部分"①，它的未来取决它在三方治理结构中的作为。而理想的治理状态是无论在地方层次、全国层次、区域层次还是在全球层次，国家与市场保持平衡、国家与公民社会保持平衡、公民社会与市场保持平衡。因为如果国家过于强大，社会和市场就会受到压制；如果市场过于强大，社会正义必然受到侵害；而如果公民社会过于强大，社会又会陷入"种族分裂和认同冲突"②。反言之，如果国家过于弱小，安全和发展都失去了保障；如果市场过于弱小，国家和社会都缺乏物质支撑；如果公民社会过于弱小，恰当的治理和稳定的经济发展都无从谈起。因此，当国家、市场和公民社会三方各自发育成熟并且形成权力抗衡的时候，全球公民社会的历史就完成了。在这种意义上，我们可以说，当前的全球政治变革的前进方向预示着全球公民社会终将获得实现，它并不是一个正义的乌托邦。

但是，就目前的状况来看，要实现相对独立，实现真正意义上的自主自治，全球公民社会还有很长的路要走。在现阶段，全球公民社会的主要任务仍在于不断发展壮大，以促成全球治理体系的形成。为此，首先，全球公民社会要更加积极地参与国内和国际事务，获得更为广泛的认同，力求成为一种重要的治理和全球治理主体；第二，全球公民社会要更加积极地参与国际国内法律政策的制度，以促成民主的全球治理规则的形成；第三，全球公民社会要更加积极地推动不同层级上的公民参与，通过参与国际非政府组织、全球社会运动、全球网络、全球公众领域等多种形式，密切关注和监督政府和市场行为；第四，全球公民社会要更加积极地批评和抗议不平等、侵犯人权、破坏生态环境、政治腐败和低效等现象，以迫使政府和企业更加负责；第五，全球公民社会要更加积极地在提供公共物品和公共服务方面发挥作用，为全球性问题的解决贡献力量；最后，全球公民社会要更加积极地监督和评估各国和全球的治理绩效，推动治理模式的不断更新。

---

①　A. Colás, *International Civil Society*, Polity Press, 2002, p. 43.

②　安东尼·吉登斯、威尔·赫顿：《安东尼·吉登斯与威尔·赫顿对谈录》，载威尔·赫顿、安东尼·吉登斯编：《在边缘：全球资本主义生活》，第 29—30 页。

在这个过程中,全球公民社会还要有意识地克服自身的局限性。比如,要逐步改善当前存在的官僚化和商业化倾向;提高公民素质、培育公民的参与精神;克服内部精英化、专业化、等级化等弊端,努力趋向民主化,加强内部团结,避免"碎片化";扶持发展中国家公民社会的建设,平衡南北力量等等。只有这样,全球公民社会才可能健康有序地成长,逐步确立自身在全球治理中的地位。

综上所述,以通信技术为支撑的全球联结的便捷性,带来了个体主体性的张扬和公民结社运动的大发展,在各个国家的国家与社会关系的结构性调整中,全球公民社会开始兴起。在十多年的发展过程中,全球公民社会对民族国家和国际政治产生了巨大的影响,一个突出的表现是,在理论和实践中支撑民族国家的核心概念——主权、公民身份和民主都因其强大的发展势头而被再讨论。全球公民社会对国家的影响不能被忽视,但是,我们也不应该夸大这种影响。在目前,国家在现实中仍然是强大而不可缺少的,并且它不断地在进行自我更新以提高对新形势的适应性,另一方面,全球公民社会仍然弱小并且局限重重;更重要的是,在理论中,我们也还无法找到全球公民社会理论的自洽性,取消国家主权的、以全球公民为基本单元的、依靠全球民主来维系的全球公民社会与传统的乌托邦有着极大的亲缘性,至少在相当长的时间内还难以捉摸到它的边界。因此,我们更加愿意设想一种并不抛弃政治权力的全球治理结构,在其中,国家、全球公民社会和全球市场平等相处、各司其职、通力合作,共同推动人类社会的进步。这种愿望既充分肯认了全球公民社会的重要意义,同时极力去除笼罩在它身上的乌托邦色彩,它以已经存在的全球合作为基础,同时又是对一种高于当前合作形式的全球治理结构的追求,它是可欲可求的。然而,即使是这种愿望,我们深知,也是需要全球各方力量的共同努力才能实现的,对此,我们充满期盼。

参 考 文 献

中文部分

1. 柏拉图:《理想国》,商务印书馆 1994 年版。

2. 亚里士多德:《政治学》,商务印书馆 1996 年版。

3. 霍布斯:《利维坦》,商务印书馆 1996 年版。

4. 卢梭:《社会契约论》,商务印书馆 2001 年版。

5. 洛克:《政府论》上下篇,商务印书馆 1997 年版。

6. 孟德斯鸠:《论法的精神》上下卷,商务印书馆 1995 年版。

7. 亚当·斯密:《国民财富的性质和原因的研究》上下卷,商务印书馆 1997 年版。

8. 托克维尔:《论美国的民主》上下卷,商务印书馆 1991 年版。

9. 黑格尔:《法哲学原理》,商务印书馆 1995 年版。

10. 边沁:《政府片论》,商务印书馆 1995 年版。

11. 密尔:《论自由》,商务印书馆 2005 年版。

12. 萨拜因:《政治学说史》,商务印书馆 1990 年版。

13. 施特劳斯、克罗波西:《政治哲学史》上下册,河北人民出版社 1993 年版。

14. 威尔·金里卡:《当代政治哲学》上下册,上海三联书店 2004 年版。

15. 罗素:《西方哲学史》,商务印书馆 2003 年版。

16. 梯利:《西方哲学史》,商务印书馆 2003 年版。

17. 昆廷·斯金纳:《近代政治思想的基础》上下册,商务印书馆 2002 年版。

18. 鲍桑葵:《关于国家的哲学理论》,商务印书馆 1996 年版。

19. 霍布豪斯:《自由主义》,商务印书馆 1996 年版。

20. 霍布豪斯:《形而上学的国家论》,商务印书馆 1996 年版。

21. E·卡西勒:《国家的神话》华夏出版社 2003 年版。

22. 波普:《开放社会及其敌人》,中国社会科学出版社 1999 年版。

23. 哈耶克:《通往奴役之路》,中国社会科学文献出版社 1997 年版。

24. 哈耶克:《自由秩序原理》上下卷,三联书店 1997 年版。

25. 罗尔斯:《正义论》,中国社会科学出版社 1998 年版。

26. 罗尔斯:《政治自由主义》,译林出版社 2000 版。

27. 诺齐克:《无政府、国家与乌托邦》,中国社会科学出版社 1991 年版。

28. 德沃金:《认真对待权利》,中国大百科全书出版社 1998 年版。

29. 福山:《历史的终结》,远方出版社 1998 年版。

30. 《马克思恩格斯选集》1—4 卷,人民出版社 1995 年版。

31. 哈贝马斯:《公共领域的结构转型》,学林出版社年版 1999 年版。

32. 哈贝马斯:《在事实与规范之间》,三联书店 2003 年版。

33. 哈贝马斯:《交往行为理论》(一、二卷),重庆出版社 1994 年版。

34. 哈贝马斯:《包容他者》,上海人民出版社 2002 年版。

35. 哈贝马斯:《合法化危机》,上海人民出版社 2000 年版。

36. 约翰·基恩:《市民社会:旧形象,新观察》,上海远东出版社 2006 年版。

37. 约翰·基恩:《公共生活与晚期资本主义》,社会科学文献出版社 1999 版。

38. 葛兰西:《狱中札记》,中国社会科学出版社 2000 年版。

39. 安东尼·吉登斯:《现代性的后果》,译林出版社 2000 年版。

40. 安东尼·吉登斯:《第三条道路:社会民主主义的复兴》北京大学出版社 2000 版。

41. 安东尼·吉登斯、克里斯多弗·皮尔森:《现代性:吉登斯访谈录》,新华出版社 2001 年版。

42. 安东尼·吉登斯:《民族—国家与暴力》,三联书店 1998 年版。

43. 安东尼·吉登斯:《超越左与右:激进政治的未来》,社会科学出版社 2000 年版。

44. 威尔·赫顿、安东尼·吉登斯编《在边缘:全球资本主义生活》,三联书店 2003 年版。

45. 戴维·赫尔德:《民主与全球秩序:从现代国家到世界主义治理》,上海人民出版社 2003 年版。

46. 戴维·赫尔德:《治理全球化:权力权威全球治理》,社会科学文献出版社 2004 年版。

47. 戴维·赫尔德、安东尼·麦克格鲁:《全球化与反全球化》,社会科学文献出版社 2004 年版。

48. 戴维·赫尔德:《驯服全球化》,上海世纪出版集团 2005 年版。

49. 戴维·赫尔德:《全球盟约》,社会科学文献出版社 2005 年版。

50. 戴维·赫尔德:《民主的模式》中央编译出版社 2004 年版。

51. 戴维·赫尔德、詹姆斯 N·罗西瑙等着:《国将不国》,江西人民出版社 2004 年版。

52. 乌尔利希·贝克:《全球化时代的权力与反权力》,广西师范大学出版社 2004 年版。

53. 乌尔里希·贝克:《世界风险社会》,南京大学出版社 2004 年版。

54. 乌尔里希·贝克等:《风险社会》,译林出版社 2004 年版。

55. 乌尔里希·贝克等:《全球政治与全球治理》,国际出版社 2004 年版。

56. 乌尔利希·贝克,尤尔根·哈贝马斯等:《全球化与政治》,中央编译出版社 2000 年版。

57. 乌尔里希·贝克、约翰·威尔姆斯:《自由与资本主义:与著名社会学家乌尔里希·贝克对话》,浙江人民出版社 2001 年版。

58. 詹姆斯·N.罗西瑙:《没有政府的治理》,江西人民出版社 2001 年版。

59. 星野昭吉:《全球化时代的世界政治:世界政治的行为主体与结构》,社会科学文献出版社 2004。

60. 齐格蒙特·鲍曼《全球化:人类的后果》,商务印书馆 2004 年版。

61. 马丁·阿尔布劳:《全球时代:超越现代性之外的国家与社会》,商务印书馆 2004 年版。

62. 玛格丽特·E.凯克、凯瑟琳·辛金克:《超越国界的活动家:国际政治中的倡议网络》,北京大学出版社 2005 年版。

63. 赫尔穆特·施密特:《全球化与道德重建》,社会科学文献出版社 2001 年版。

64. 皮埃尔·罗桑瓦隆:《乌托邦资本主义:市场观念史》,社会科学文献出版社 2004 年版。

65. 萨米尔·阿明:《世界一体化的挑战》,社会科学文献出版社 2003 年版。

66. 阿利克斯·卡利尼科斯:《反资本主义宣言》,上海世纪出版集团 2005 年版。

67. 迈克尔·哈特、安东尼·内格里:《帝国:全球化的政治秩序》,江苏人民出版社 2003 年版。

68. 斯坦利·阿罗诺维茨、希瑟·高特内主编:《控诉帝国:21 世纪世界秩序中的全球化及其抵抗》,广西师范大学出版社 2004 年版。

69. 赫德利·布尔:《无政府社会——世界政治秩序研究》,世界知识出版社 2003 年版。

70. 菲利克斯·格罗斯:《公民与国家:民族、部族和族属身份》,新华出版社 2003 年版。

71. 诺贝特·埃利亚斯:《个体的社会》,译林出版社 2003 年版。

72. 猪口孝、爱德华·纽曼、约翰·基恩主编:《变动中的民主》,吉林人民出版社 1999 年版。

73. 塞缪尔·亨廷顿:《第三波:20 世纪后期民主化浪潮》,上海三联书店 1998 年版。

74. 塞缪尔·鲍尔斯、赫伯特·金蒂斯:《民主和资本主义》,商务印书馆 2003 年版。

75. 约拉姆·巴泽尔:《国家理论——经济权利、法律权利与国家范围》上海财经大学出版社 2006 年版。

76. 斯特兰奇:《权力流散:世界经济中的国家与非国家权威》,北京大学出版社 2005 年版。

77. 詹姆斯·C. 斯科特:《国家的视角:那些试图改善人类状况的项目是如何失败的》,社会科学文献出版社 2004 年版。

78. 克劳斯·奥菲:《福利国家的矛盾》,吉林人民出版社 2006 年版。

79. 考夫曼:《社会福利国家面临的挑战》,商务印书馆 2004 年版。

80. 筱田英朗:《重新审视主权:从古典理论到全球时代》,商务印书馆 2005 年版。

81. 罗伯特·赖克:《国家的作用:21 世纪的资本主义前景》,上海译文出版社 1997 年版。

82. 施普尔伯:《国家职能的变迁:在工业化经济体和过渡化经济体中的私有化和福利改革》,辽宁教育出版社 2004 年版。

83. 沃尔夫:《合法性的限度》,商务印书馆 2005 年版。

84. 卡尔·博格斯:《政治的终结》,社会科学文献出版社 2001 年版。

85. 莱特斯·M.萨拉蒙:《全球公民社会:非营利部门的视界》,社会科学文献出版社 2002 年版。

86. 阿米·古特曼：《结社：理论与实践》,生活读书新知三联书店 2006 年版。

87. 克里斯托弗·卢茨 :《西方环境运动:地方、国家和全球向度》,山东大学出版社 2005 年版。

88. 理查德·贝拉米:《重新思考自由主义》,江苏人民出版社 2005 年版。

89. 郁建兴:《自由主义批判与自由理论的重建:黑格尔政治哲学及其影响》,学林出版社 2000 年版。

90. 郁建兴:《全球化:一个批评性考察》,浙江大学出版社 2003 年版。

91. 俞可平主编:《全球化:全球治理》,社会科学文献出版社 2004 年版。

92. 俞可平等:《全球化与国家主权》,社会科学文献出版社 2004 年版。

93. 俞可平主编:《治理与善治》,社会科学文献出版社 2000 年版。

94. 吴惕安、俞可平主编:《当代西方国家理论评析》,陕西人民出版社 1994 年版。

95. 薛晓源,周战超主编:《全球化与风险社会》,社会科学文献出版社 2005 年版。

96. 薛晓源,周战超主编:《全球化与文化资本》,社会科学文献出版社 2005 年版。

97. 许纪霖主编:《公共性与公民观》,凤凰出版传媒集团、江苏人民出版社 2006 年版。

98. 许纪霖主编:《共和、社群与公民》,江苏人民出版社 2004 年版。

99. 许纪霖主编:《全球正义与文明的对话》,江苏人民出版社 2004 年版。

100. 邓正来、亚力山大:《国家与市民社会》(修订版),世纪出版集团、上海人民出版社 2006 年版。

101. 张静:《国家与社会》,浙江人民出版社 1998 年版。

102. 何增科主编:《公民社会与第三部门》,社会科学文献出版社 2000 年版。

103. 蔡英文:《主权国家与市民社会》,北京大学出版社 2006 年版。

104. 赵可金:《全球公民社会与民族国家》,上海三联书店 2008 年版。

105. 沈湘平:《全球化与现代性》,湖南人民出版社 2003 年版。

106. 王逢振主编:《现代性、后现代性与全球化》(詹姆逊文集第 4 卷),中国人民大学出版社 2004 年版。

107. 王治河主编:《全球化与后现代性》,广西师范大学出版社 2003 年版。

108. 秦国荣:《市民社会与法的内在逻辑:马克思的思想及其时代意义》,社会科学文献出版社 2006 年版。

109. 周弘:《福利国家向何处去》,社会科学文献出版社 2006 年版。

110. 刘贞晔:《国际政治领域中的非政府组织:一种互动关系的分析》,天津人民出版社 2005 年版。

111. 王杰主编:《全球治理中的国际非政府组织》,北京大学出版社 2004 年版。

112. 贾英健:《全球化背景下的民族国家研究》,中国社会科学出版社 2005 年版。

英文部分

113. 弗格森:市民社会史(英文版),中国政治大学出版社 2003 年版。

114. G. Laxer, S. Halperin (eds.). *Global Civil Society and Its Limits*. Palgrave Macmillan, 2003.

115. E. J. Friedman, K. Hochstetler, A. M. Clark. *Sovereignty, Democracy, and Global Civil Society: State-Society Relations at UN World Conferences*. State University of New York Press, 2005.

116. J. A. Scholte. Global Civil Society. In M. Woods (ed.). *The Political Economy of Globalization*. Macmillan, 2000.

117. A. Brysk. *Human Rights and Private Wrongs: Constructing Global Civil Society*. Routledge, 2004.

118. C. Warkentin. *Reshaping World Politics: NGOs, the Internet, and Global Civil Society*. Rowman & Littlefield Publishers, 2001.

119. R. D. Lipschutz, J. Mayer. *Global Civil Society and Global Environmental Governance*. SUNY, 1996.

120. R. D. Lipschutz. *After Authority: War, Peace and Global Politics in the 21st Century*. SUNY, 2000.

121. H. Anheier, M. Glasius, M. Kaldor (eds.). *Global Civil Society* 2001. Oxford University Press, 2001.

122. H. Anheier, M. Glasius, M. Kaldor (eds.). *Global Civil Society* 2004/5. SAGE Publications, 2005.

123. M. Glasius, M. Kaldor, H. Anheier (eds.). *Global Civil Society* 2002. Oxford University Press, 2002.

124. M. Kaldor, H. Anheier, M. Glasius (eds.). *Global Civil Society* 2003.

Oxford University Press, 2003.

125. M. Kaldor. *Global Civil Society: an Answer to War*. Polity, 2002.

126. J. Keane. *Global Civil Society?*. Cambridge University Press, 2003.

127. G. Baker, D. Chandler. *Global Civil Society: Contested Futures*. Routledge, 2005.

128. A. Brysk. *Human Rights and Private Wrongs: Constructing Global Civil Society*. Routledge, 2004.

129. R. D. Germain, M. Kenny (eds.). *The Idea of Global Civil Society: Politics and Ethics in a Globalizing Era*. Routledge, 2005.

130. R. B. Hall, T. J. Biersteker. *The Emergence of Private Authority in Global Governance*. Cambridge University Press, 2002.

131. M. Ougaard, R. A. Higgott (eds.). *Towards a Global Polity*. Routledge, 2002.

132. P. Hirst. *From Statism to Pluralism: Democracy, Civil Society and Global Politics*. UCL Press, 1997.

133. M. Shaw. *Theory of the Global State: Globality as Unfinished Revolution*. Cambridge University Press, 2000.

134. V. Cable. *Globalization and Global Governance*. The Royal Institute of International Affaires, 1999.

135. M. Rupert. *Ideologies of Globalization*. Routledge, 2000.

136. J. Pierre, G. Peters, *Governance, Politics and the State*, Macmillan, 2000.

137. J. Kooiman. *Governing as Governance*. SAGE, 2003.

138. M. M. Howard. *The Weakness of Civil Society in Post-Communist Europe*. Cambridge University Press, 2003.

139. T. J. Sinclair. *Global Governance: Critical Concepts in Political Science*. Routledge, 2004.

140. R. Wilkinson, S. Hughes. *Global Governance: Critical Perspective*. Routledge, 2002.

141. F. Cochrane, R. Duffy, J. Selby. *Global Governance, Conflict and Resistance*. Palgrave Macmillan, 2003.

142. P. M. Kennedy, D. Messner, F. Nuscheler (eds.). *Global Trends and*

Global Governance. Development and Peace Foundation, 2002.

143. D. Held, M. Koenig-Archibugi (eds.). *Global Governance and Public Accountability*. Blackwell, 2005.

144. Y. Tadashi, K. G. Ashizawa (eds.). *Governance and Civil Society in a Global Age*. Japan Center for International Exchange, 2001.

145. M. G. Schechter. *The Revival of Civil Society: Global and Comparative Perspectives*. St. Martin's Press, 1999.

146. M. Douglass, J. Friedmann (eds.). *For Citizens: Planning and the Rise of Civil Society in a Global Age*. J. Wiley, 1998.

147. S. Chambers, W. Kymlicka. *Alternative Conceptions of Civil Society*. Princeton University Press, 2002.

148. R. Gibson, S. Oates, D. Owen. *Civil Society, Democracy and the Internet : a Comparative Perspective*. Routledge, 2004.

149. J. A. Guidry, M. D. Kennedy, M. N. Zald. *Globalization and Social Movements : Culture, Power and the Transnational Public Sphere*. University of Michigan Press, 2000.

150. G. Delanty. *Citizenship in a Global Age: Society, Culture, Politics*. Open University Press, 2000.

151. A. Vandenberg. *Citizenship and Democracy in a Global Era*. Macmillan Press, 2000.

152. E. Boulding. *Bulding a Global Civic Culture: Education for an Interdependent World*. Syracuse University Press, 1988.

153. R. Youngs. *International Democracy and the West: the Role of Governments, Civil Society, and Multinational Business*. Oxford University Press, 2004.

154. A. Colás. *International Civil Society: Social Movements in World Politics*. Polity, 2002.

155. A. Florini. *The Coming Democracy: New Rules for Running a New World*. Island Press, 2003.

156. M. G. Schechter (ed.). *The Revival of Civil Society : Global and Comparative Perspectives*. Macmillan,1999.

157. R. Falk. *On Humane Governance*. Penn State University Press, 1995.

158. R. Falk. *Global Civil Society：Perspectives，Initiatives and Movements*. Oxford Development Studies，1998(26).

159. R. Falk. *Predatory Glbobalization：a Critique*. Polity Press，1999.

160. J. D. Clark. *Worlds Apart：Civil Society and the Battle for Ethical Globalization*. Earthscan，2003.

161. J. Brecher，T. Costello，B. Smith. *Globalization from Below：the Power of Solidarity*. South End Press，2000.

162. P. Wapne. *Environmental Activism and World Civil Politics*. City University of New York Press，1996.

163. O. R. Young（ed.）. *Global Governance：Drawing Insights from the Environmental Experience*. MIT Press，1997.

164. P. Waterman. *Glbalization，Social Movements and the New Internationalism*. Continuum，2001.

165. J. Smith，C. Chatfield，R. Pagnuccl（eds.）. *Transnational Social Movements and Global Politics：Solidarity beyond the State*. Syracuse University Press，1997.

166. R. Cohen，S. Rai. *Global Social Movements*. The Sthlone Press，2000.

167. G. Baker. *Civil Society and Democratic Theory：Alternative Voices*. Routledge，2002.

168. D. J. O'Byrne. *The Dimensions of Global Citizenship：Political Identity beyond the Nation-State*. Frank Cass，2003.

169. J. Eade，D. J. O'Byrne（eds.），*Global Ethics and Civil Society*. Ashgate，2005.

170. J. Brecher，J. B. Childs，J. Culter（eds.）. *Global Visions：Beyond the New World Order*. South End Press，1993.

171. A. Florini. Transnational Civil Society. In M. Edwards，J. Gaventa（ed.）. *Global Citizen Action*. Earthscan publication Ltd，2001.

172. N. Dower，J. Williams（eds.），*Global Citizenship：A Critical Reader*. Edinburgh University Press，2002.

173. R. Bhargava，H. Reifeld（eds.）. *Civil Society，Public Sphere and Citizenship：Dialogues and Perceptions*，SAGE，2005.

174. D. B. Heater. *World Citizenship：Cosmopolitan Thinking and Its*

Opponents. Continuum，2002.

175. R. Münch. *Nation and Citizenship in the Global Age*：*From National to Transnational Ties and Identities*. Palgrave，2001.

176. P. Marden. *The Decline of Politics*：*Governance*，*Globalization and the Public Sphere*. Ashgate，2003.

177. R. B. J. Walker. Social Movements，World Politics. In *Millennium*，1994，23(3).

178. S. Gill. Reflection on Global Order and Sociohistorical Time. In *Alternatives*，1991,16(3).

179. R. D. Lipschutz. Reconstructing World Politics：the Emergence of Global Civil Society. In *Millenium*，1992,7(6).

180. R. Cox. Gramsci，Hegemony and International Relations：an Essay in Method. In *Millennium*，1983(12).

181. R. Cox. Civil Society at the Turn of the Millennium：Prospect for an Alternative World Order. In *Review of International Studies*，1999 (25).

182. D. Archibugi. Demos and Cosmopolis，in *New Left Review*，2002 (13).

后　记

　　在开始写作本书之前正好读到以赛亚·柏林的《现实感》一书，柏林使我看到，对于我而言，试图在"全球公民社会"这个宏大的论题之下"整合或综合拼构成生活各个层次稍纵即逝、支离破碎的丝丝缕缕和散乱碎片"实在不那么容易。我不是一个不自信的人，但在整个写作过程中，我时常感到不安。而非常偶然的是，我现在已经四岁的孩子正降生于写作期间，小家伙的来临使我的生活顿时生机勃勃，写作的心情也分外愉悦，但却使写作变得前所未有的困难，因为我不但要组织思路和材料，更要组织时间。这完全出乎我的意料。

　　尽管困难重重，但写作仍然是一件快乐的事情。在全球公民社会以及它与国家的关系问题上有着太多的理论迷雾，而且现实纷繁复杂、扑朔迷离，难以把握，这使我时常要绞尽脑汁，有时甚至彻夜难眠；所幸的是，阅读思想家、与他们对话，又常常使我思路豁然开朗，写作的乐趣油然而生。不但如此，一些思想家对人类命运的关怀以及他们为改善人类命运所做的不倦努力往往使我感动，给予了我从事这一研究的最大决心和勇气，也加强了我将持久关注这一领域的意愿。这也许是我写作本书最大的收获。

　　本书的选题是在我的导师郁建兴教授的指导下确定的，主要思路也得益于他的启发，不但如此，他还多次通读我的书稿，提出修改意见，甚至细致到校正文字和标点符号。我不习惯写作后记，但这次破例，因为我感觉到面对面的言语已经不足以向我的导师表达谢意了。自我硕士入学，我的导师既是师长，又是兄长和朋友，他不仅引导我的学术研究，使我对这个领域从一无所知到愿意以它作为一种事业，而且引导我的处世为人，使我对这个社会从认识无几到充满了热情，他对我的关心和照顾历历在目。在这里，我向我的导师表达最诚挚的感谢。

　　我还要怀着感激的心情提到在写作中给我极大帮助的杨大春教授、应奇教授、包利民教授,李瑞昌博士、郭台辉博士、周珍硕士。杨大春教授和应奇教授对本书的思路和结构提出了很好的建议,后来,应奇教授又与包利民教授对本书提出了中肯的修改意见;李瑞昌博士和郭台辉博士对某些章节中的具体问题提出了讨论意见,周珍硕士在整个写作过程中为我提供了文献上的帮助,并且时常帮我解决在阅读英文文献中遇到的语言问题。在此,对他们一并表示感谢。

　　我还不应该忘记感谢我的孩子,是他与我一起度过了写作的每一个白天和黑夜,是他带给了我春天般愉悦的心情,减弱了因写作而带来的不安和烦躁,从而也使写作竟然成为了一件幸福的事情。最后,我要感谢我那令人尊敬的丈夫,他十年如一日地支持我的学业,在感情和经济上成为我的坚实支撑,没有他的理解和帮助,我的学术生涯难以延续至今。

　　我声明,对于本书中的观点我负全部责任。

2010 年 4 月于杭州

图书在版编目(CIP)数据

全球公民社会引论 / 周俊著. —杭州：浙江大学
出版社，2010.6
("全球化与治理转型"丛书)
ISBN 978-7-308-07621-0

Ⅰ.①全… Ⅱ.①周… Ⅲ.①社会团体－研究－世界
Ⅳ.①C231

中国版本图书馆 CIP 数据核字(2010)第 095039 号

全球公民社会引论

周　俊　著

责任编辑	余健波	
封面设计	吴慧莉	
出版发行	浙江大学出版社	
	（杭州市天目山路 148 号　邮政编码 310007）	
	（网址：http://www.zjupress.com）	
排　　版	杭州求是图文制作有限公司	
印　　刷	杭州浙大同力教育彩印有限公司	
开　　本	710mm×1000mm　1/16	
印　　张	10.5	
字　　数	204 千字	
版 印 次	2010 年 6 月第 1 版　2010 年 6 月第 1 次印刷	
书　　号	ISBN 978-7-308-07621-0	
定　　价	25.00 元